AI 기반 광고 전략

AI 기반 광고 전략

한국광고학회 편
강한나 • 김주영 • 민병운
박종구 • 윤도일 • 이정규
송유진 • 조준혁 • 전종우
최모세

인사말

AI와 광고, 현재와 미래

　로봇과 인공지능의 한계는 어디까지일까? 인공지능이 인간을 대체 할 수 있을까? 최근 한 마케팅 실험에서 참가자들은 의료 보조 기능을 하는 휴머노이드 로봇을 나타내는 동영상을 시청한 후, 프리미엄 또는 일반적인 생수를 구매하도록 유도되었다. 휴머노이드 로봇 동영상을 시청한 참가자들은 4배 더 일반적인 생수보다 프리미엄 브랜드를 선택하는 경향이 있었다. 또 다른 실험에서는 '먹을 수 있는 만큼 먹는' 뷔페식당을 상상하는 참가자들이 인간이나 로봇 서버 중 하나의 사진을 보았을 때, 로봇 서버일 때 더 많은 음식을 선택하고, 스낵을 받은 사람들은 로봇에 의해 준비되었다면 더 많이 섭취하는 경향을 보였다(Martin Mende et al., Journal of Marketing Research, 2019). 이미 AI와 로봇은 우리 사회에 깊숙이 파고 들었다. 1970년 일본의 로봇공학자 모리 마사히로가 소개한 '불편한 골짜기(uncanny valley)' 이론에 의하면, 로봇이 사람과 더 닮을수록 초기에는 매력적으로 느껴지지만, 어느 정도 시간이 지나면 유사성이 기묘하고 정체성에 위협적으로 느껴질 수 있다는 것이다.

이러한 불편한 골짜기를 경험할 때, 19세기 초반의 러다이트 운동(Luddite)이 떠오르지 않는가? 직무 자동화로 인한 일자리 상실과 노동 조건의 저하에 반대하여 러다이트 운동은 발생하였다. 그러나 러다이트 운동은 결국 산업혁명을 통해 인간과 사회에 균형을 가져왔고, 21세기 AI에 대한 인간의 두려움 또한 궁극적으로 기술과의 상호작용을 통해 윤리적, 기술적 측면에서 사회적 가치와 일치하도록 발전될 것으로 기대된다. 이러한 종합적인 접근을 통해 우리는 더 지속가능하고 포용적인 기술 사회를 구축할 수 있다.

지속가능하고 포용적인 기술 사회를 구축하기 위해, 특히 AI의 엄청난 잠재력을 고려할 때, 산학정의 광고 담당자는 현재 이용 가능한 AI 기반 광고솔루션과 향후 발전 가능성을 어떻게 이해해야 하는가? McKinsey의 2023년 보고서에 따르면 생성형 AI 툴은 마케팅과 영업(marketing and sales) 분야에서 가장 많이 활용되고 있는 것으로 나타났다. 특히 마케팅과 영업에 AI를 도입함으로써 매출이 증가하고 비용이 감소한 것으로 보고되고 있다. KMPG의 2023년 설문조사에서도 마케팅과 영업이 가치 창출을 위해 생성형 AI를 도입하는 선도적인 분야 중 하나로 떠오르고 있음을 확인할 수 있다. Forbes Advisor의 2023년 설문조사에서는 경영자 과반수 이상이 AI를 도입함에 따라 소비자와의 관계를 강화하고 생산성을 높일 것이라 기대하고 있는 것으로 나타났다. 이러한 결과는 AI가 기업에 효율적인 업무 툴을 제공할 뿐만 아니라 소비자와의 소통 기반이 될 수 있음을 시사한다.

현재 많은 기업이 실제로 AI를 사용해 마케팅의 효율성을 증진시키고 있다. AI는 마케팅의 A to Z, 즉 거의 모든 영역에서 이미 활용되고 있거나 활용 될 예정이다. 마케팅 목표를 데이터에 근거하여 보다 과학적으로 설정하고, 소비자의 숨겨진 니즈와 욕망을 분석하여 새로운 트랜드 및 변화를 능동적으로 예측하고, 실시간으로 고객의 세그먼트를 구성하고 최적화하며, 새로운 상품을 디자인하고, 최적의 가격을 찾아주고 개인별 맞춤형 쿠폰을 적재적소에 배포하고, 광고 creative 제작, 광고 모델 추천, 그리고 실시간 비딩(RTB)을 통한 광고 구매 자동화(programmatic buying)까지도 AI가 처리한다. 나아가 고객 여정의 단계별로 AI가 사용된다. 잠재고객이 고려단계에서 제품을 검색할 때 AI는 광고를 타기팅하고 검색을 안내할 수 있다. 온라인 가구 소매업체 웨이페어(wayfair)는 AI를 사용해 어떤 고객이 가장 설득될 가능성이 큰지 판단하고 브라우징 기록을 토대로 보여줄 제품을 선정한다. Vee24 같은 회사의 AI 지원 봇은 광고와 마케팅 담당자들이 고객의 니즈를 이해하고, 검색 참여도를 높이며, 고객을 원하는 특정 웹페이지로 유도할 수 있다. 필요한 경우 채팅, 전화, 영상, 심지어 고객에게 화면을 띄워 보여주는 코브라우징을 통해 영업 담당자와 연결해준다.

AI는 전체적인 광고와 마케팅 프로세스를 도울 수 있는 무궁무진한 가능성을 가지고 있다. 러다이트운동이 산업혁명을 막을 수 없었던 것처럼, 불편한 골짜기를 넘어서 AI는 결국 광고와 마케팅을 완전히 뒤바꿔 놓을 가능성이 크다. 광고와 마케팅 조직, 특히 IT조직은 AI 역량을 구축하고 잠재적 위험까지 해결하는 데 긴 안목으로 철저히 대비해야 할 것이다. 맞춤형 AI 시대가 곧 도래하는 상황에서 자사 데이터를 축적하여 CDP(Customer Data Platform)를 구축하고 있는 기업, AI를 마케팅 영역에 적극적으로 도입하는 기업, 나아가서 자사 데이터를 활용하여 맞춤형 AI 솔루션을 개발 및 활용하는 기업이 멀지 않은 미래의 비즈니스를 그리고 세상을 지배하게 될 것이다. 이 책이 AI를 활용하여 마케팅과 광고를 고도화하고 새로운 비즈니스를 선도하고픈 산학정 광고 전문가들에게 중요한 지침서가 되기를 희망하는 바이다.

한국광고학회 회장 조창환

목차

인사말　　AI와 광고, 현재와 미래 / 조창환　　　　　　　　　　4

● PART 01
○ AI 기반 디지털 광고 전략의 현 상황

AI 기반 디지털 광고 전략 현황 / 송유진　　　　　　　15
　1. AI 알고리즘 활용 및 기술 트렌드　　　　　　　　17
　2. AI를 중심으로 한 혁신적 비즈니스 전략　　　　　22
　3. AI 기반 디지털 광고 사례　　　　　　　　　　　25

인공지능과 일상 미디어 광고 / 전종우　　　　　　　35
　1. 인공지능 기술　　　　　　　　　　　　　　　　36
　2. 가정　　　　　　　　　　　　　　　　　　　　39
　3. 모빌리티　　　　　　　　　　　　　　　　　　44
　4. 아웃도어　　　　　　　　　　　　　　　　　　46
　5. 메타버스　　　　　　　　　　　　　　　　　　56

- PART 02
  - AI 기반 디지털 광고 전략 활용 사례

    AI 기반 맞춤형 광고 / 강한나   63
    - 1. 개인 맞춤형 서비스   64
    - 2. AI 검색 · 쇼핑   65
    - 3. 생성형 AI   72
    - 4. 광고 창작 분야의 생성형 AI 기술 활용   75
    - 5. 생성형 AI 문제점   79

    생성형 인공지능 시대, 맞춤형 TV광고의 진화 / 박종구   85
    - 1. '생성형' 인공지능(Gen AI)과 광고   85
    - 2. 인공지능 시대, TV광고의 진화   88
    - 3. 커넥티트(Connected) TV광고   91
    - 4. 어드레서블(Addressable) TV광고   93
    - 5. 맞춤형 TV광고의 미래   97

    AI Data 기반의 소셜미디어 마케팅 전략 수립 / 최모세   101
    - 1. 소셜미디어 마케팅 전략 수립   102
    - 2. 요약 및 제안   112

목차

● PART 03
○ AI 기반 디지털 광고 전략의 제약 요인(한계점)

블록체인과 미래 디지털 광고 생태계 / 김주영　　　　117
　1. 디지털광고 생태계와 문제점들　　　　118
　2. 블록체인 기술의 이점　　　　122
　3. 블록체인을 활용한 광고테크　　　　124
　4. 블록체인을 활용한 광고테크의 이점　　　　126
　5. 블록체인과 디지털광고 미래를 위한 과제　　　　133

AI 기반 디지털 광고 전략의 제약 요인 / 이정규　　　　135
　1. 들어가며　　　　135
　2. AI에 의한 광고 조작 가능성에 대한 소비자의 부정적 인식　　　　136
　3. 소비자 프라이버시(privacy) 침해 우려　　　　143
　4. AI 추천 알고리즘의 편향성　　　　151
　5. 끝맺는 말　　　　154

- PART 04
- ○ AI 기반 디지털 광고 전략의 현실적 활용방안

GCC 시대에 따른 디지털 광고의 새로운 STP 전략 / 민병운   161
   1. 스킨십 전략   162
   2. 타이밍 전략   166
   3. 핀셋 전략   169

인공지능과 디지털 광고의 미래
- 파괴, 확장, 그리고 경험 / 윤도일   177
   1. 생성형 인공지능 시대의 도래   178
   2. 디지털과 데이터 기술이 가져온 광고의 파괴   179
   3. 광고의 확장   185
   4. 생성형 인공지능이 가져올 광고의 미래   191
   5. 미래 광고의 궁극의 목표 - 브랜드 경험   198

AI를 활용한 디지털 광고의 미래 전략 / 조준혁   205
   1. AI 디지털 광고 전략을 위한 준비 : 데이터   207
   2. AI가 적용되면서 달라진 광고 전략   212
   3. 생성형 AI 기반 디지털 광고   214
   4. 생성형 AI를 광고 업무에 활용하기   216

- 찾아보기   225

PART 01

AI 기반 디지털 광고 전략의 현 상황

AI 기반 디지털 광고 전략 현황
송유진

●

인공지능과 일상 미디어 광고
전종우

●

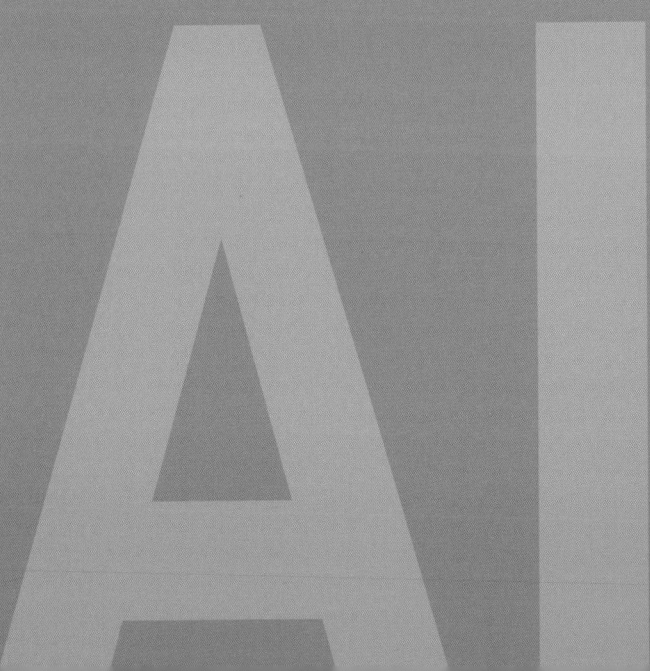

AI 기반 디지털 광고 전략 현황

송유진

　디지털 광고는 현대 마케팅 전략의 핵심 요소로 각광받으며 인터넷 및 모바일 플랫폼을 활용하여 소비자에게 더욱 정교하고 전략적으로 도달되고 있다. 인공지능(artificial intelligence; AI)의 진화와 확산은 디지털 광고 시장에 새로운 변화를 이끌며 광고 메시지를 보다 세밀하게 구성하고 개인 맞춤형 광고로 전환시키는 주요 원동력이 되었다. 더구나 AI는 데이터 분석부터 예측, 그리고 자동화에 이르기까지 광범위한 영역에서 마케팅의 효과성과 효율성을 극대화시키고 있다. 디지털 광고 분야에서의 AI 기술 활용은 소비자의 행동 패턴, 관심사, 구매 이력 등 다양한 데이터 분석에 기반하여 광고 캠페인을 효과적으로 최적화하고, 이를 통해 개인 맞춤형 광고 콘텐츠를 제공함으로써 브랜드와 소비자 간의 연결을 강화하고 있다.

　이처럼 AI 중심의 광고 전략은 브랜드가 경쟁에서 우위를 차지하는 데 기여하며, 고객 경험의 품질을 높이고 광고 예산을 효과적으로 최적화하는 데 주요한 역할을 한다. 이러한 배경 속에서 AI 기반의 디지털 광고 전략은 기업들의 마케팅 활동에서 빠질 수 없는 중요한 요소로 자리 잡았다.

　본 섹션에서는 AI를 중심으로 한 디지털 광고 전략의 현황과 특징, 그리고 AI 기반 디지털 광고 전략의 미래 전망에 대해 자세히 알아보고자 한다. 이를 체계적으로 다루기 위해 아래 세 개의 챕터로 구성하였다.

　Chapter 1에서는 도구로서의 인공지능을 정확히 이해하기 위해 AI 기반 광고의 핵심 원리와 AI 및 머신러닝의 기본 개념을 체계적으로 탐구한다. 이를 통해 AI가 디지털 광고에 어떻게 통합되는지, 그리고 AI 기반 광고 전략의 주요 기술적 특성에 대해 알아본다.

　Chapter 2에서는 AI가 혁신적으로 변화시키고 있는 주요 비즈니스 영역을 조망한다. AI를 활용한 비즈니스 모델과 전통적인 비즈니스 모델 간의 차이를 비교 분석하여 기업들이 AI를 최적으로 활용하기 위한 전략적인 제언을 통해 AI 중심의 혁신적인 비즈니스 전략에 대한 심층적인 이해를 제공하고자 한다.

　Chapter 3에서는 AI가 주도하는 혁신적인 광고 전략들이 어떻게 기업들의 마케팅 효율성을 높이고 있는지 소개하고자 한다. 이에 대해 AI를 활용한 디지털 광고 전략의 실제 적용 사례를 중심으로 각 사례의 배경, 사용된 AI 기술, 실행 전략 및 그 결과를 세밀하게 탐구한다. 이를 통해 미래 디지털 광고 전략에 대한 통찰을 제시한다.

1. AI 알고리즘 활용 및 기술 트렌드

인공지능(AI)은 오늘날 전 세계 산업의 핵심 트렌드로 주목받고 있다. 현대 디지털 광고를 이해하기 위해 학계와 산업계 모두에게서 인공지능의 기본적인 원리에 대한 깊은 이해가 필요하다. 인공지능 알고리즘의 기초적인 개념과 원리를 숙지하는 것은 AI 기반의 마케팅 커뮤니케이션 전략을 구축하는데 있어 필수적이다. 이에 본 챕터에서는 인공지능의 기본적인 개념과 유형 그리고 원리를 간략히 소개하고, 최신의 인공지능 기술 동향을 파악하여 광고 산업 내에서 인공지능 기술이 어떻게 적용되고 있는지의 트렌드를 깊이 있게 탐구하여, 미디어 생태계 내에서 인공지능 기술이 어떠한 전략으로 통합되어 활용되고 있는지의 현황을 조망하고자 한다.

인공지능의 역사는 1950년 컴퓨터 과학의 아버지로 불리는 앨런 튜링(Alan Mathison Turing)이 '기계가 인간처럼 생각할 수 있는가?'라는 질문을 제기하며 시작되었다. 튜링은 이 질문에 대한 답을 찾기 위하여 튜링 테스트를 통해 기계가 인간과 구별되지 않는 수준으로 자연어 대화를 할 수 있는지를 판별하였으며 미래의 기계가 인간의 지능을 모방할 수 있을 것으로 제안하였다(Turing, 2009). 튜링 테스트는 대화를 통해 기계와 인간을 구별하였다는 점에서 자연어 처리(Natural Language Processing; NLP) 분야의 중요성이 강조되었으며 기계는 인간의 지능을 모방할 수 있다는 가능성을 제시하였다. 이후 컴퓨터 과학자인 존 매카시(John McCarthy)는 "인공지능(artificial intelligence; AI)"이라는 용어를 처음 제안하며, 인공지능이란 지능적인 기계나 프로그램을 만드는 과학 및 공학 분야라고 설명했다(McCarthy, 2004).

이처럼 인공지능은 컴퓨터 과학의 원리에 기반하여 개발되었으며, 이는 입력 데이터를 활용하여 예측 및 분류 작업을 수행하는 특화된 시스템을 구축하기 위한 AI 알고리즘으로 구성되어 있다. 개념적으로 인공지능은 컴퓨터와 같은 기계가 독립적으로 배우고 학습하여 판단할 수 있는 주체라고 가정한다. 인공지능 기술을 활용하기 위해서는 방대한 양의 데이터와 이를 처리하는 방식, 그리고 문제의 유형과 목적에 따른 최적의 알고리즘 및 모델을 선정하여 이를 학습시키고 훈련하는 과정이 필요하다. 인공지능의 주요 하위 개념인 머신러닝(machine learning)과 딥러닝(deep learning)은 복잡한 계층 구조를 가진 신경망을 활용하여 데이터를 분석하는 방법론으로 발전하였다(김정환, 박노일, 2022). 머신러닝의 핵심 목표는 주어진 데이터를 바탕으로 패턴을 찾아내고, 그 패턴을 사용하여 미래의 데이터나 상황에 대한 예측 혹은 결정을 내리는 것이다.

인공지능의 주요 구성요소를 구체적으로 살펴보면 다음과 같이 정리할 수 있다. 먼저 머신러닝은 복잡한 데이터 구조 속에서 유의미한 패턴을 찾아내는 알고리즘의 집합으로 정의된다. 머신러닝의 학습 방법론은 크게 지도 학습(Supervised Learning), 비지도 학습(Unsupervised Learning), 그리고 강화 학습(Reinforcement Learning)의 세 가지 주요 범주로 구분할 수 있다. 지도 학습은 주어진 입력에 대한 명확한 출력을 가진 데이터를 활용하여 모델을 학습시키는 방식이다. 반면, 비지도 학습은 출력 라벨이 없는 데이터를 기반으로 모델을 구축한다. 강화 학습은 다양한 환경과의 상호작용을 통해 최적의 결과를 도출하기 위한 전략을 학습하는 방식으로 진행된다. 최근 머신러닝의 한 분야로서 주목받고 있는 딥러닝은 심층 신경망을 활용하여 복잡한 패턴을 학습하는 고급 방법론을 포괄한다. 딥러닝의 주요 신경망 구조에는 합성곱 신경망(Convolutional Neural Network; CNN)과 순환 신경망(Recurrent Neural Network; RNN)이 있다. 합성곱 신경망(CNN)은 주로 이미지 인식 및 분류 작업에 활용되며, 순환 신경망(RNN)은 연속적인 형태인 시퀀스 데이터, 가령 시계열 데이터나 텍스트 데이터 처리에 특화된 구조를 가진다. 이처럼 인공지능은 규칙 기반의 시스템이 주를 이뤘으나, 데이터의 폭발적인 증가와 계산 능력이 향상됨에 따라 머신러닝 기반의 접근법이 주류가 되었다. 이후 딥러닝과 신경망 기술의 등장은 인공지능의 능력을 혁신적으로 향상시켰다. 이 기술의 발전은 인공지능이 복잡한 문제들을 해결하는 능력의 범위를 확장시켰고, 이러한 진화의 과정 속에서 인공지능은 광고 산업의 다양한 영역에 상당한 영향을 미치게 되었다. 그림 1은 OpenAI의 ChatGPT와 diagrams_show_me 플러그인을 사용하여 제작된 인공지능의 진화를 표현한 다이어그램이다.

궁극적으로 인공지능은 기계가 인간의 지능을 모방하여 학습, 추론, 자기 개선 능력 등을 갖춘 상태를 지향한다. 이를 통해 인공지능은 특정 작업을 인간 수준과 유사하거나 그 이상의 성능으로 수행할 수 있게 한다.

그림 1. 인공지능의 진화 단계

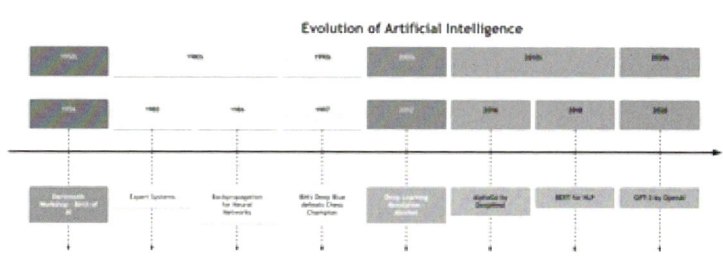

또한 AI는 반복적이고 시간 소모적인 작업을 자동화함으로써 생산성을 향상시킬 수 있으나, 개인 정보 보호와 알고리즘의 편향성과 같은 윤리적 및 사회적 문제점을 동반하게 된다는 점을 유의할 필요가 있다.

최근 인공지능은 의료, 교육, 금융, 미디어 등 다양한 분야에서 활용되고 있으며 머신러닝, 딥러닝 등의 기술 발전과 함께 그 활용 범위가 더욱 확장되었다. 인공지능의 응용 사례로는 고급 웹 검색 알고리즘(예: 구글 검색), 개인화된 추천 시스템(예: 유튜브, 넷플릭스), 고급 음성 인식 기술(예: 시리, 알렉사), 자율 주행 자동차 기술(예: 웨이모), 전략적 게임 분석 시스템(예: 체스, 바둑), 생성/창조적 도구(예: 챗GPT, 바드(Bard)) 등이 포함된다(박종구, 2023). 광고 산업에서 인공지능은 다양한 방식으로 활용되고 있으며, 이로 인해 광고 산업의 패러다임이 크게 변화하고 있다.

광고 산업에서 주로 활용되고 있는 AI 기술의 유형은 다음과 같이 정리할 수 있다. 먼저 AI 기술을 활용하여 과거 데이터를 근거로 한 예측을 통해 광고 캠페인의 성과나 소비자의 반응을 사전에 예측하여 효과적인 광고 전략을 조정하는 데 도움을 받을 수 있다. 즉 AI 기술을 활용한 예측 분석을 통해 인공지능은 빅 데이터를 활용하여 광고의 효과를 예측하고, 이를 바탕으로 광고 전략을 최적화할 수 있어 이로 인해 광고 예산의 효율성을 높일 수 있게 되었다.

또한, 챗봇(Chatbot)과 같은 가상 어시스턴트 기술을 통해 실시간으로 광고나 제품 정보를 제공하며 소비자의 문의에 신속하게 응답하는 데 활용되고 있다. 챗봇의 디자인이나 톤, 대화 스타일 등을 고려하여 브랜드 경험을 강화할 수 있으며(송유진, 김민희, 최세정, 2019) 이는 새로운 마케팅 채널로 활용되어 소비자와 마켓터 간의 상호작용을 강화하고 있다. 더불어 고도화된 개인화 및 타깃팅 기술이 도입되어 소비자의 개별적인 행동 패턴과 선호를 분석하고, 이를 기반으로 한 맞춤형 광고 전략이 적극적으로 활용되고 있다. 이러한 개인화된 광고를 통해 광고의 효과성을 크게 향상시키는 동시에 소비자에게 높은 관련성을 가진 광고 메시지를 전달하는 데 중요한 역할을 하고 있다.

그뿐만 아니라 멀티미디어 광고 콘텐츠의 효과를 극대화하기 위해 활용된 AI 이미지 및 음성 인식 기술은 광고 내용과 관련된 이미지나 음성을 실시간으로 인식하여 관련 정보나 제안을 제공하는 데 활용되고 있다. 이는 광고를 제작하는 과정에서 인공지능이 광고의 디자인, 내용, 메시지 등을 최적화하는 데 도움을 준다. 이를 통해 기업은 더욱 창의적이고 효과적인 광고를 제작할 수 있게 되었다. 더불어, 광고 콘텐츠의 언어적 특성을 깊이 있게 분석하기 위한 자연어 처리 기술은 광고 메시지의 효과성을 향상시키는 데 중요한 역할을 하고 있다. 광고 예산의 효율성을 극대화하기 위한 최적화 알고리즘은 다양한 광고 채널과 시간대에서의 광고 효과를 분석하여 최적의 광고 전략을 수립하는 데 활용되고 있다. 마지막으로, 감정 분석 기술은 소비자의 감정적 반응을 세밀하게 파악하여 광고 콘텐츠의 감정적 효과를 분석하고 최적화하는 데 큰 도움을 제공하고 있다. 이러한 변화는 광고 산업뿐만 아니라 마케팅, 미디어, 소비자 행동 등의 다양한 분야에서의 전략적 의사결정에 상당한 영향을 미치고 있다. 특히 2022년 11월 30일에 공개된 생성형 AI 기술인 '챗GPT(Generative Pre-trained Transformer)'의 서비스 이용이 확산되면서 또 다른 형태의 인공지능 활용 사례가 다양화될 것으로 예상된다.

실제 이마케터의 조사에 따르면 전 세계 경영진의 약 83%는 챗

GPT와 같은 챗봇을 비즈니스와 가장 관련성이 높은 생성형 AI 활용 사례로 인식하고 있으며, 데이터 활용에 대해서는 75%가 긍정적으로 평가하며, 텍스트 기능에 대해서는 71%가 낙관적인 평가를 내리고 있는 것으로 밝혀졌다(eMarketer, 2023). 이와 같이 지속적인 인공지능 기술의 발전은 소비자 데이터 분석 뿐만 아니라 콘텐츠 생성 및 카피라이팅 분야에서도 유용하게 활용되어 광고 산업에 혁신적인 변화를 불러오고, 이를 통해 보다 효과적인 광고 전략 수립이 가능해질 것으로 예상된다.

2. AI를 중심으로 한 혁신적 비즈니스 전략

비즈니스 모델은 기업이 어떻게 가치를 창출하고 그 가치를 전달하는지를 체계적으로 표현하는 개념적 구조로 간주된다(Drucker, 1993). 이것은 빠르게 변화하는 시장 환경에 유연하게 대응하며 지속적으로 진화하는 특성을 지니고 있다(박대민, 유경한, 강지안, 2023). 이러한 맥락에서 TV, Radio, 신문, 잡지와 같은 전통적인 미디어 산업의 기존 비즈니스 모델은 점차 사라지고, 새로운 비즈니스 모델로 대체 될 것이라는 전망은 현실이 되었다(Berman et al., 2009). 현대 비즈니스 환경에서 인공지능(AI)의 도입은 기업의 경쟁력을 높이는 핵심 요소로 부상하였다. 이러한 변화의 중심에는 AI 기반의 비즈니스 모델과 전통적인 비즈니스 모델 간의 근본적인 차이가 존재한다.

전통적인 비즈니스 모델은 기업의 활동이 견고하게 구축된 비즈니스 프로세스와 전략을 중심으로 전개되었다. 특히 광고 산업에서는 광고주의 광고 투자를 기반으로 한 수익 모델을 주축으로 삼았다. 이러한 모델은 대중 매체를 통한 광고 메시지의 전파를 핵심 요소로 하였으며, 광고주는 선택한 매체의 독자나 시청자 규모에 비례하여 광고 비용을 부담하였다. 이 과정을 통해 제품이나 서비스의 브랜드 인지도 향상을 목표로 하였다.

반면, AI 기반 비즈니스 모델은 데이터 과학이 가치 창출을 위한 주요 드라이버 역할을 하며, 데이터 중심의 의사 결정 프로세스를 통해 기업의 ROI(Return on Investment)를 극대화하고 있다. 고객의 행동 패턴과 선호도를 분석하여 개인화된 서비스를 제공하는 것을 중요시하며, 지속적인 학습과 개선을 통해 비즈니스 전략을 최적화한다. 심층학습, 신경망 등의 AI 기술을 활용하여 고객 경험을 향상시키는 것 또한 중요한 특징 중 하나다. AI 기술을 마케팅 맥락에 적용하여 살펴볼 때 크게 머신러닝(기계학습)(machine learning), 적용된 성향 모델(applied propensity models), 그리고 AI 응용 프로그램(AI applications)으로 분류할 수 있다(Dave Chaffey, 2023). 머신러닝 기술에는 알고리즘을 사용하여 과거 소비자 데이터 세트에서 학습한 다음 성향 모델을 생성하는 작업을 한다. 이어 적용된 성향 모델은 구매전환 가능성을 기준으로 리드에 점수를 매기는 등 특정 이벤트를 예측하는 데 이러한 성향 모델을 적용하는 것이다. 응용AI는 고객 질문에 직접적으로 답변하거나 새로운 콘텐츠를 제작하는 등 일반적으로 인간 작업자와 연관되는 작업을 수행 형태의 AI을 의미한다. 앞서 논의한 AI 기술의 다양한 유형을 기반으로 기업이 적용 가능한 마케팅 전략을 스마트인사이트(SmartInsights)는 15가지 인공지능 기술을 활용하여 고객 여정의 전반에 걸친 역할을 시각적으로 제시하였다(그림 2 참조).

그림 2. 고객 구매 여정별 인공지능 마케팅 활용 맵

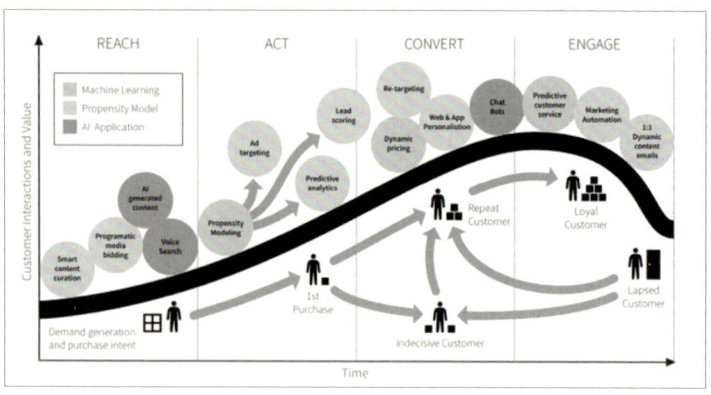

최근 대화형 시스템인 생성형 AI챗봇이 검색 엔진과의 통합을 통해 학계와 산업계의 주목을 받고 있다. 이러한 기술적 통합은 검색 엔진의 기존 수익 구조에 파급 효과를 줄 수 있으며 특히 광고 중심의 수익 모델에 변화를 가져올 수 있다는 점이 학계에서 지적되고 있다. 일부 학자들은 이러한 기술적 통합이 전통적인 검색 광고 시장의 규모를 축소시킬 수 있다는 견해를 제시하였다(최유리, 2023). 한편 다른 전문가들은 대화형 시스템을 통해 사용자의 상호작용 경험을 향상시키는 것이 광고 수익의 증가를 촉진할 수 있다는 주장을 제기하였다. 더불어 광고 중심의 수익 모델에 대한 대안으로 구독 기반의 서비스 모델의 도입 가능성에 대한 논의도 함께 이루어지고 있다.

생성형 AI의 열풍에 따라 글로벌 빅테크 기업들의 AI개발 경쟁이 가속화되었다. 이러한 동향 속에서 인공지능이 새로운 수익모델을 대거 창출해 낼 것으로 전망되고, 비즈니스 모델의 진화와 유연성에 따라 AI의 혁신적인 성능을 통해 비즈니스 모델을 혁신하고 최적화하는 전략적인 접근이 필요하다.

특히 AI 기반의 비즈니스 전략은 대량의 데이터에 의존하기 때문에 데이터 품질의 정확성 그리고 보안 문제에 유의하여 활용해야 할 것이다. 현대의 변화무쌍한 시장 환경에서 AI 기반의 비즈니스 모델은 기업과 브랜드의 지속적인 성장과 혁신의 핵심 요소로 작용하고 있다. 따라서 기업들은 급변하는 시장에 빠르게 대응하고 AI 기술의 적절한 도입과 활용을 통해 미래 지향적인 광고 전략을 구축해야 할 것이다.

3. AI 기반 디지털 광고 사례

소비자와의 접점이 다양해진 디지털 환경에서 인공지능(AI)은 다양한 광고 솔루션을 지원하고 있다. AI 기술은 다양한 형태로 광고 산업에 적용되고 있으며, 이를 통해 광고의 효율성과 정밀도를 높이는 데 기여하고 있다. AI 기반 디지털 광고 사례는 앞서 논의한 머신러닝이 적용된 AI 모델과 응용 AI의 관점에서, 데이터 기반 개인화 광고, AI 주도의 콘텐츠 제작 광고, 그리고 챗봇 사례를 중심으로 살펴보고자 한다.

현대 디지털 마케팅 환경에서는 이러한 광고 사례에 대한 깊은 통찰과 적극적 활용이 필수적인 요소로 간주되고 있다. 이러한 사례들은 기업들에게 효율적이며 혁신적인 광고 전략을 수립할 수 있는 방향성을 제시하며, 이를 바탕으로 기업들은 경쟁력 있는 마케팅 전략을 설계하고 실행할 수 있다.

1) 개인화 광고 사례

소비자들의 취향과 관심사가 다양화되면서 대중적인 유행보다는 개인의 스타일에 맞는 제품 및 서비스를 추구하는 경향이 두드러지고 있다. 이에 따라 소비자들은 자신의 욕구와 관심사를 반영한 개인화된 메시지와 제품을 선별해주는 기업에 대해 높은 만족감을 느끼고 있다(McKinsey & Company, 2021). 개인화 광고는 AI 기술을 활용하여 소비자의 행동 패턴이나 관심사 혹은 검색 기록, 구매 이력 등 다층적 분석을 통해 개인에게 맞춤화된 광고를 제공하는 것을 의미한다. 이는 과거의 데이터를 기반으로 소비자의 잠재적 행동을 예측하고 이에 따라 타깃팅된 광고를 제공하는 방식이다. 최근 금융, 뷰티, 커머스, OTT 등 다양한 산업에서 소비자들에게 개인화된 맞춤형 서비스를 제공하기 위해 AI를 활용하고 있다. 예를 들어, Netflix, YouTube, Spotify와 같은 디지털 플랫폼은 추천 알고리즘을 통해 사용자의 시청 및 청취 이력과 선호를 분석하여 개인화된 콘텐츠나 광고를 제공한다. 이러한 개인화된 추천 서비스는 개인정보를 활용해 고객의 성향을 기반으로 보다 정교하고 효율적으로 타깃팅 하여 소비자에게 개인 맞춤형 콘텐츠를 제공하고, 소비자에게 검색에 대한 부담을 줄이고 관련성이 높은 콘텐츠를 제공함으로써 고객 충성도를 향상시키고 광고 효과를 극대화시킬 수 있다는 강점을 지니고 있다. 최근 글로벌 AI 소프트웨어 기업 애피어(Appier)가 뷰티 업계에 인공지능(AI) 기술을 활용한 초개인화 서비스를 도입했다. 이에 따라 프랑스 스킨케어 브랜드인 클라랑스(CLARINS)는 애피어의 광고 솔루션을 활용하여 기존 고객의 행동을 분석하고, 구매 가능성이 높은 고객을 선별하여 광고 캠페인을 최적화함으로써 전환당비용(CPA:Cost Per Action)을 30% 감소시켜 온라인 매출을 극대화하였다(박성준, 2023).

그러나 사용자 데이터를 기반으로 한 서비스 제공은 무단으로 개인정보가 수집되거나 공유될 위험성과 같은 프라이버시 침해에 대한 우려를 동반하게 된다. 개인정보의 수집 및 활용 범위가 확대되면서 개인정보 수집 및 활용에 대한 소비자의 의도와 인식을 명확하게 이해하는 것이 향후 비즈니스 운영 관리에 중요하다(Kim & Kim, 2018). 동시에 Facebook, Instagram 등의 소셜 미디어 플랫폼은 사용자의 좋아요, 팔로우, 공유 등의 활동을 분석하여 관련 광고를 제공함으로써 구매 전환율을 향상시키는 데 효과적으로 활용되고 있다. 이러한 개인화된 광고 사례들은 기업들이 사용자의 관심과 필요에 더욱 정확하게 부응하면서 효과적인 마케팅 전략을 수립할 수 있게 한다.

2) AI 기반 광고 제작 사례

AI 기술의 보급화와 함께 AI 기반 창작물들이 빠르게 확산되고 있다. 인공지능을 활용한 광고 전략에 대한 논의에서, '인공지능 광고(AI advertising)'는 소비자에게 설득력 있는 메시지를 전달하기 위해 인간과 기계가 제공하는 정보를 바탕으로 다양한 AI 기술을 활용하는 브랜드 커뮤니케이션으로 지칭한다(Rodgers, 2021). 그 중에서 생성형 AI를 활용하면 기존의 광고 내용을 바탕으로 혁신적인 광고를 제작할 수 있다. 또한, 예술 및 디자인 영역에서는 이러한 기술이 예술가와 디자이너에게 독창적인 아이디어와 컨셉을 도출하게 하여 창작 활동을 강화시켜준다. 글로벌 마케터를 대상으로 실시된 Bynder 설문조사 결과에 따르면, 콘텐츠 생성에 있어 생성형 AI가 초안 작성과 콘텐츠 최적화에 가장 효과적으로 활용된다는 것이 확인되었다(eMarketer,

그림 3. 챗GPT 활용한 광고그림 3. 챗GPT 활용한 광고

Genealogy site Storied used ChatGPT to generate backstories for the family in its ad. Storied

2023). 가령, CJ AI CENTER에서는 '고객 성향 맞춤 AI 카피라이터' 시스템을 개발하여 마케터가 홍보할 제목과 문구에 대해 AI가 고객의 성향에 따라 자동으로 문장을 생성해주어 고객에게 AI가 작성한 최적화된 문구를 노출시킴으로써 제품과 서비스에 관심을 갖게 하여 기존 문구 대비 30%이상 향상된 고객 반응률을 확보하였다(메조미디어, 2023). 해외에서는 챗GPT를 활용하여 '당신 이야기에 대한 영광(Glory to your story)'이라는 온라인 동영상 광고에서 주인공들의 배경 스토리를 구성했다(Adweek, 2023). 이처럼 AI는 이미지나 텍스트, 동영상 같은 콘텐츠를 스스로 제작하거나 변형하여 광고의 메시지를 향상시킬 수 있고, 머신러닝을 통해 다양한 광고 버전을 동시에 비교 분석하여 최적의 광고 내용을 자동으로 결정한다. 이러한 기능은 광고 기획을 포함한 여러 마케팅 활동에서 유용한 도구로 활용될 것으로 전망된다.

국내에서는 보험업계에서 AI로 제작한 동영상 광고가 최초로 출시되었다. 삼성생명의 '좋은 소식의 시작' 광고 캠페인에 삽입된 완성도 높은 배경음악과 이미지까지 AI를 통해 제작되었다. Python을 활

그림 4. [삼성생명 TVCF] 좋은 소식의 시작, 삼성생명 광고

용하여 삼성생명 광고의 유튜브 댓글 데이터를 분석한 결과에 의하면 AI가 '인간'과 '사람'에게 접근하고 있는 것에 대한 관심이 있음을 확인할 수 있었다.

반면에 일각에서는 AI가 제작한 광고가 불편하다는 부정적 반응도 공존하였다(신중용, 2023). 이를 통해 AI를 활용한 광고 콘텐츠가 대중의 다양한 반응을 세심하게 고려하여 제작되어야 한다는 점을 강조하며, 광고업계에서 AI 기반 캠페인의 확장 가능성을 시사한다.

한편, LG유플러스는 유쓰(Uth) 청년요금제출시를 기념하여 AI가 창작한 소스를 활용한 광고를 선보였다. 광고 제작 과정에서 AI는 약 300개의 다양한 자료를 출력하여 분석하였고, 음성 인식 AI를 통해 최적의 톤과 무드를 가진 성우 내레이션을 선정하기 위해 여러 번의 검토를 거쳤다. 이러한 AI의 활용으로 LG유플러스는 전통적인 광고 제작과 비교하여 제작비를 대략 25%, 제작 시간을 약 33% 단축할 수 있었다고 밝혔다(권혜미, 2023).

그림 5. LG유플러스 요금제 광고

이 사례는 기술적 혁신을 통해 광고의 효율성과 비용 절감뿐만 아니라 광고의 품질과 창의성을 높일 수 있다는 점을 보여주며, AI를 활용한 광고가 소비자에게 신선한 경험과 감동을 제공하고 새로운 광고 트렌드를 선도할 가능성이 있음을 시사한다.

3) AI 챗봇 사례

챗봇(chatbot)은 인공지능(AI) 기반의 프로그램으로, 텍스트 대화를 통해 사용자에게 일상의 언어로 다양한 정보 및 솔루션을 제공하는 서비스를 지칭한다. 이는 메시지 플랫폼 내에서 구현되며 특히 고객 서비스 분야에서 효율성을 높이는데 활용되고 있다. 국내에서는 금융, 의료, 유통 등 다양한 분야에서 챗봇 서비스를 적극적으로 활용하고 있으며, 점차 챗봇의 활용사례가 늘어나고 있다. 최근에는 편의점 세븐일레븐이 'GPT브니'를 도입하여 점포 관리의 효율성 향상 및 가맹점 간의 소통을 강화하였다. GPT브니는 초기 개발 단계에서 배달, 픽업, 라스트오더, 스마트픽과 같은 주요 서비스 영역에 관한 문의에 응답하고 있다. 이후 3개월간의 철저한 테스트 운영을 거쳐, 시스템은 전체 운영 범위 내에서 다양한 문의에 대응할 수 있도록 개선될 예정이라고 밝혔다(김형원, 2023).

한편 신한카드는 고객 문의 및 서비스 제공을 위해 챗봇 '레이(LAY)'를 활용하고 있다. 이 챗봇은 카드 사용 내역 확인, 포인트 조회, 프로모션 정보 제공 등 다양한 서비스를 챗봇을 통해 제공하여 고객의 편의를 높이고 있다. 2022년 7월 기준 레이(LAY)는 AI 상담 최초로 월 300만 건의 상담 기록을 돌파하여, AI 솔루션 서비스가 활발하게 이용되고 있음을 보여주고 있다(박지우, 2022). 최근 신한금융그룹은 AI 컨택센터(AI Contact Center; AICC) 플랫폼을 구축하여 AI 역량을 통합하고 이를 통해 관리 효율성을 향상시키며 고객 편의성을 증진하는 서비스를 제공할 예정임을 밝혔다. 이러한 플랫폼 구축과 함께 AI 음성봇 서비스의 도입을 통해 신한금융은 새로운 서비스 채널을 확장하고 고객 상담 편의성을 더욱 높여갈 계획이라고 밝혔다(정의진, 2023). 이러한 성과는 금융 업계를 넘어 다양한 산업에서 디지털 전환의 필요성을 부각시키며, 기업들이 AI 기술을 적극적으로 도입하고 활용함으로써 고객 경험을 지속적으로 진화시킬 수 있음을 보여준다.

이와 같이 산업 환경의 빠른 변화에 대응하여 많은 기업들이 AI 기술의 도입을 통해 경쟁력을 강화하고, 최상의 소비자 경험을 제공하기 위한 전략을 구축하고 있다. AI 기술의 지속적인 발전은 미래 디지털 광고의 효율성과 창의성을 높이는 핵심 요소로 작용할 것으로 예상된다. 그러나 데이터 보호와 관련된 프라이버시 이슈 또한 빼놓을 수 없는 중요한 고려사항이다. 동시에 인공지능의 진화와 확산은 우리에게 새로운 문해력을 필요로 하며, AI 기술과 관련된 도구들을 효율적으로 활용하는 능력이 중요하다(박종구, 2023). AI를 올바르게 활용하는 역량을 키우는 것은 AI 기술의 지속적인 성장과 발전을 보장할 수 있을 것으로 판단된다.

참고 문헌

권혜미 (2023). LG유플러스, AI로 만든 광고 공개. 〈전자신문〉 https://www.etnews.com/20230704000011

김정환, 박노일 (2022) 〈비전공자의 인공지능(AI) 입문〉. 도서출판 홍릉.

김형원 (2023). [유통가 투데이] 세븐일레븐, 점주용 AI챗봇 'GPT브니' 도입 外. 〈IT조선〉 https://it.chosun.com/news/articleView.html?idxno=2023072503017

메조미디어 (2023). 2023년 소비 트렌드 시리즈 – 03 개인맞춤형 서비스.

박대민, 유경한, 강지안 (2023). 미디어 블록체인 비즈니스 모델의 설계 4 원칙: 언론사 사례 분석을 바탕으로. 한국언론학보, 67(1), 41-84.

박성준 (2023). 애피어, AI 기반 초개인화 마케팅 사례 〈에너지 경제〉 https://www.ekn.kr/web/view.php?key=20231117001342178

박종구 (2023). 미디어 광고 트렌드 리포트-생성형 인공지능과 광고. 한국방송광고진흥공사(KOBACO)

박진우 (2022). 신한카드, AI상담 건수 사상 첫 월 300만건 돌파. 〈한국경제〉 https://www.hankyung.com/economy/article/2022082172511

송유진, 김민희, 최세정 (2019). 쇼핑 챗봇에 대한 소비자 반응 연구: 에이전트와 메시지 유형 효과를 중심으로. 한국 HCI 학회 논문지, 14(2), 71-81.

신준용 (2023). 이전 기사보기다음 기사보기 소비자평가 "정말 자연스러웠을까?" ⋯ 업계 최초 AI 활용 광고 도입한 삼성생명 스크롤 이동 상태바 현재위치WOW마케팅 "정말 자연스러웠을까?" ⋯ 업계 최초 AI 활용 광고 도입한 삼성생명 〈소비자 평가〉 http://www.iconsumer.or.kr/news/articleView.html?idxno=25544

정의진 (2023). 신한금융, 그룹통합 AI 컨택센터 'AICC' 오픈 〈한국경제〉. https://www.hankyung.com/article/202311174203i

최유리 (2023). 검색광고 시장 종말?⋯챗GPT 포털 수익모델 흔든다. 〈아시아경제〉 https://cm.asiae.co.kr/article/2023021607430265528

Adweek (2023). How brands and agencies are experimenting with ChatGPT from copywriting to Chatbots. Retrieved from https://www.adweek.com/brand-marketing/brands-agenciesexperimenting-chatgpt-copywriting-chatbots/

Berman, S. J., Battino, B., Shipnuck, L., & Neus, A. (2009). The end of advertising as we know it. In Television goes digital (pp. 29-55). New York, NY: Springer New York.

Drucker, P. (1993). Innovation and Entrepreneurship : Practice and Principles. New York, NY: Harper Business.

eMarketer (2023). 5 charts showing how marketers are thinking about generative AI now that the hype has faded. https://www.insiderintelligence.com/content/5-charts-showing-how-marketers-thinking-about-generative-ai-now-that-hype-has-passed

McCarthy, J. (2004). What is artificial intelligence?.

McKinsey & Company (2021). The value of getting personalization right—or wrong—is multiplying

Dave Chaffey (2023). 15 Applications of Artificial Intelligence in Marketing. Smart Insight. https://www.smartinsights.com/managing-digital-marketing/marketing-innovation/15-applications-artificial-intelligence-marketing/

Kim, M. S., & Kim, S. (2018). Factors influencing willingness to provide personal information for personalized recommendations. Computers in Human Behavior, 88, 143-152.

Rodgers, S. (2021). Themed issue introduction: Promises and perils of artificial intelligence and advertising. Journal of Advertising, 50(1), 1-10.

Turing, A. M. (2009). Computing machinery and intelligence (pp. 23-65). Springer Netherlands.

인공지능과
일상 미디어 광고

전종우

    알파고가 바둑으로 이세돌 9단을 이긴 후 인공지능 기술은 크게 발전하였다. 인간이 바둑으로 인공지능을 이긴 것은 이세돌 9단이 마지막이다. 이후 개발된 인공지능은 인간과 경쟁이 의미 없을 정도로 진화하였다. 많은 IT기업들이 인공지능 기술 개발에 투자를 하고 관련 기업들의 주가도 고공행진하고 있다. 기업들의 관심과 별도로 알파고 이후 일반인들이 다소 인공지능 기술에 대한 관심에서 멀어질 무렵 챗GPT가 등장하여 생성형 인공지능이라는 개념을 보편화시켰다. 자료를 찾고 특정한 콘텐츠를 제작하는 데 생성형 인공지능은 큰 역할을 한다. 인공지능 기술이라는 것이 새로운 개념은 아니지만 일상생활에 적용되고 평범한 일반인들이 실질적으로 사용하는 단계에 진입하면서 기술의 유용성을 경험하게 되었다. 인공지능 기술이 편리하고 인간 생활에 도움이 되는 것은 사실이지만 기술의 미래에 대한 기대와 함께 우려가 나오고 있다. 이는 인간의 일자리가 사라진다는 것과 인공지능이 인간의 일을 완전히 대체할 수 있다는 두려움에 기반하는 것이다.

1. 인공지능 기술

인공지능 기술을 하나로 정의하는 것은 쉽지 않은 일이다. 기술적으로도 복잡하고 연구자에 따라 다양한 접근을 하고 있기 때문이다. 인공지능 기술에서 일반적으로 언급되는 알고리즘은 기호주의, 베이즈주의, 유추주의, 신경망, 진화주의 등 5가지이다(Wang, 2019). 첫번째, 기호주의는 사물 사이에 존재하는 인과관계를 고려하여 기계 스스로가 결정논리를 모색하는 것을 말한다. 두번째, 베이즈주의는 원인과 결과가 항상 동반된다는 사실에 대한 회의를 바탕으로 기계 자체가 결과를 기반으로 원인을 도출할 수 있는 확률을 계산하는 것이다. 세번째, 경험을 기반으로 하는 유추주의는 최근린법(nearest neighbor method)이라는 알고리즘에 기반하며 암묵적 지식의 머신러닝에 관한 것이다. 네번째, 인간 뇌의 뉴런을 모방하는 연결주의는 인간이 파악할 수 없는 숨은 지식에 대한 것이다. 다섯번째, 철저한 불가지론자들의 진화주의는 선험적 모델을 인정하지 않고 자연계의 진화를 모방하는 것을 말한다. 기술 개발의 목적에 따라 사용되는 알고리즘이 달라지고 기술의 적용도 학습 유형에 따라서 달라질 수 있다.

인공지능 기술은 우리 일상생활에 적용되고 있다. 바둑을 두는 인공지능은 시작에 불과하다. 가까이는 우리가 정보를 검색할 때 사용하는 인공지능 스피커가 있다. 인공지능 스피커는 인간의 정보 검색 도구를 손가락에서 목소리로 전환시켰다. 최근에 등장한 챗GPT는 콘텐츠를 제작하는 데 많은 도움을 주고 있다. 집을 떠나서는 자동차 운전을 도와주는 자율주행 기술이 존재한다. 옥외에서는 디지털 사이니지가 사람들을 인식하여 맞춤형 정보를 제공한다. 공장이나 매장에서 스스로 의사결정을 하는 로봇들이 사람들의 일을 도와주는 모습을 쉽게 목격할 수 있다. 인공지능은 단순히 인간의 일을 도와주는 것을 넘어 이미 인간의 업무를 대체해 나가고 있는 실정이다.

인공지능 기술은 광고에도 영향을 미친다. 인공지능 광고 효과의 핵심은 개개인에게 맞춤형 광고 메시지를 제공할 수 있다는 것이다(왕판, 정속양, 전종우, 2022). 기존에도 특정한 프로그래밍을 통해 특정한 메시지를 특정한 소비자에게 노출하는 기술은 온라인 광고에서 사용되어 왔지만 인공지능은 기술 자신이 판단하여 광고를 제작하고 노출하는 시대를 만들었다. 인공지능은 메시지 제작에 엄청난 변화를 가져오고 있다. 영화 제작에 있어서도 노년의 할리우드 배우들의 얼굴을 특수분장 없이 젊은 시절 이미지로 변형하는 데 인공지능 기술이 활용되고 있다. 2023년 11월 2일에는 1970년 해체한 비틀스의 '나우 앤드 덴'이라는 신곡이 인공지능 기술을 통해 발표되었다. 존 레논이 죽기 전 1978년 작업한 곡으로 생존 멤버인 폴 매카트니와 링고스타의 연주와 화음이 존 레논의 목소리와 함께 담겨 있다. 현재 인공지능 기술은 제작에 있어 기존의 한계를 넘어서고 있다는 평가이다. 이러한 기술은 광고 제작에도 그대로 활용이 가능하다. 영화에서 사용되는 이미지 제작 기술이나 사람의 목소리를 모방하는 기술은 광고에도 활용될 수 있다. 저작권만 확보된다면 작고한 배우의 이미지를 광고에 사용할 수도 있다. 나이 든 배우의 이미지를 보정하여 젊은 시절 이미지로 광고를 제작할 수 있다. 배우 윤여정의 젊은 시절 이미지를 생성하여 KB라이프 광고에 사용한 사례가 있다(중앙일보, 2023. 1. 31.). 그리고 인간이 아닌 가상인간을 광고모델로 활용하는 것도 가능하다. 인공지능 기술은 목소리도 학습을 통해 모방이 가능하며 유명인이 직접 작업에 참여하지 않더라도 인공지능 목소리로 광고를 제작할 수 있다. 인공지능을 좀 더 활용하면 시나리오와 콘티만 주면 영상물을 제작한다. 물론 아직까지 제작물의 완성도가 광고 집행에 적합할 정도까지는 아니겠지만 후반기 작업에서 인간의 도움으로 수정이 가능하고 완벽한 인공지능 광고를 위한 기술의 발전은 시간문제일 뿐이다.

그림 1. 배우 윤여정의 인공지능 이미지 제작

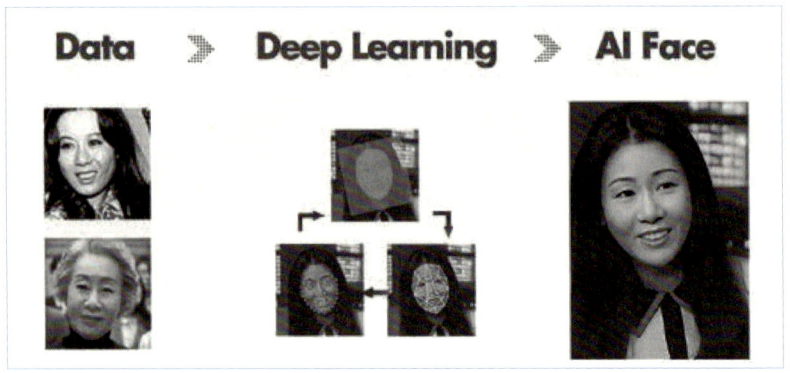

인공지능에 대한 평가는 엇갈리게 나타난다. 일상생활을 편리하게 해주고 인간이 노동으로부터 해방될 수 있는 기회라고 보는 긍정적인 시각도 있다. 하지만 인간의 일자리를 빼앗고 인간이 기술로부터 소외될 것이라는 우려도 존재한다. 할리우드의 배우조합이 인공지능 기술사용에 반대하며 파업을 벌인 것은 인공지능에 의해 대체되는 일자리에 대해 의미 있는 시사점을 준다. 최근 AI기술을 보조적으로 사용하기로 합의하면서 갈등은 봉합이 되었지만 언제 다시 인간과 기술의 갈등이 수면 위로 등장할지 모를 일이다. 최근에는 웜GPT와 같이 범죄에 사용되는 인공지능 기술이 등장하면서 기술의 위협에 대해 사람들의 우려가 커지고 있다. 일련의 과학자들은 영화 '터미네이터'에 등장하는 스카이넷이라는 기술을 언급하며 인공지능 기술에 대한 통제가 불가능하게 되면 인간에게 치명적일 수 있다고 경고한다. 인간이 가르쳐준 것이 아니라 기술이 스스로 학습한 경우 인공지능의 의사결정 과정을 인간이 알 수 없다는 문제가 있다. 인간에게는 결과만 제공되기 때문이다. 인공지능이 문제에 대한 최적의 의사결정을 하는 과정에서 인간의 존재 자체가 문제라고 판단한다면 인간의 안전이 고려되지 못할 수 있다는 점은 우려스러운 부분이다. 인공지능이 제작하는 광고의 경우도 제품 판매를 최우선으로 한다면 제품을 소비하는 인간의 안전은 고려 대상이 아닐 수 있다.

2. 가정

인공지능 기술은 다양한 분야에서 사용되지만 크게 가정에서 사용하는 경우와 옥외에서 사용하는 경우로 구분할 수 있다. 가정은 대부분의 스마트 기기의 메인 플랫폼이 되는 경우가 많다. TV가 그러하고 네트워크로 연결된 기기들의 경우도 마찬가지이다. 고정된 위치에서 사용하는 미디어들은 그 자체로 의미를 가지며 새로운 기술과 융합되어가고 있다.

1) 인공지능 스피커

가정에서 접할 수 있는 인공지능 기술은 인공지능 스피커를 예로 들 수 있다. 국내 많은 가정에서 IPTV를 사용하는데 IPTV조작에 사용되는 셋톱박스에 인공지능 스피커가 내장된 경우가 많다. 인공지능 스피커는 사용자의 목소리로 채널을 골라주고 영화나 다른 프로그램을 검색해준다. 음악 감상을 위주로 하는 인공지능 스피커는 듣고 싶은 음악을 검색하고 추천한다. 이외에도 인공지능 스피커의 기능은 다양하다. 잃어버린 리모컨을 찾아주는 기능도 있다. TV나 다른 미디어 기기를 조작할 수 있고 가전제품, 조명 기기를 조작하고 실내 온도도 조절할 수 있다. 최근 진화한 인공지능 스피커는 사용자와 말동무를 할 정도로 지능이 높아졌다. 전통적으로 가정에서 메인 미디어의 지위에 대해 많은 논의가 있어왔고 인공지능 스피커도 새로운 대안이 될 수 있다.

그림 2. 인공지능 스피커 (출처: 동아사이언스)

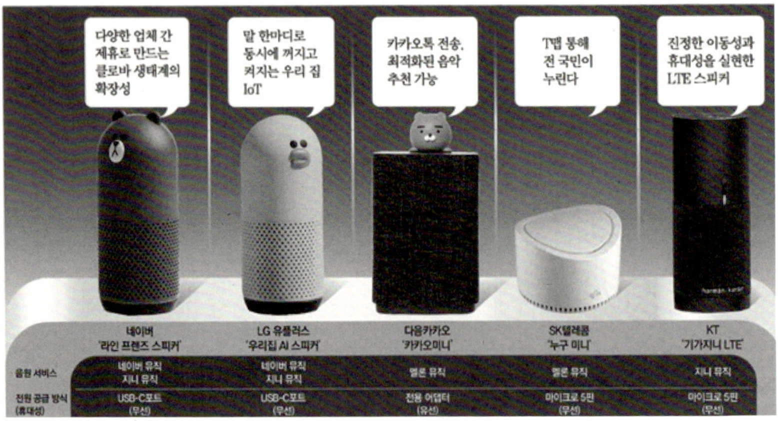

인공지능 스피커는 특정한 계층에 효과적으로 활용된다. 혼자 사는 노인들에게 복약 알림을 할 수 있고 노인들에게 응급상황이 발생하면 구조에 도움을 준다(이정윤, 2022. 4. 27.). 인공지능 스피커는 신체가 불편한 장애인들의 일상생활에도 큰 도움이 될 수 있다(박혜현, 이선민, 2021).

현재 알렉사가 가장 앞선 기술을 가지고 있는 것으로 알려져 있다. 아마존 에코에서 개발한 알렉사는 다른 인공지능 스피커에 비해 연동된 기기의 숫자가 압도적으로 많아 알렉사를 통해 다른 여러 기기들을 조정할 수 있다(고쿠보 시게노부, 2017). 알렉사는 아마존을 통해 제품 주문을 간편하게 한다. 이용자가 알렉사에게 제품 검색을 지시하면 알렉사는 아마존 자체 PB 제품 위주로 추천하여 수익 증대에 결정적인 역할을 한다(Galloway, 2017). 이는 광고라는 비즈니스에 위협적일 수 있다. 광고는 메시지를 통해 소비자에게 전달되고 소비자는 해당 메시지를 이해하고 태도를 형성한 후 행동에 옮기게 된다. 인공지능 스피커가 필요한 재화를 직접 추천하는 것은 소비자의 이해와 설득 과정이 생략되는 것으로 광고 효과 과정이 의미가 없어질 수 있다. 인공지능 스피커의 제품이나 서비스 추천이 광고 행위인지는 학문적인 논의가 필요하지만 인공지능 스피커로 인해 기존 광고의 정의와 기능에는 상당 부분 변화가 불가피해 보인다.

2) 가상인간

인간을 모방한 가상인간이 최근 활발하게 활동하고 있다. 가상인간은 주로 가상 인플루언서를 말한다. 현재 국내에서 활동하는 많은 가상 인플루언서 중에서 로지, 루시, 한유아, 이솔 등이 대표적이다(정상훈, 2022. 5. 10.). 이중 로지는 국내에서 처음 등장한 가상 인플루언서로 알려져 있다. 로지는 사이더스 스튜디오엑스가 개발하여 2020년 8월에 공개하였다. 가상인간 로지는 영원히 22살로 설정되어 있으며 MZ세대가 선호하는 얼굴형을 기반으로 3D합성기술을 활용하여 제작하였다. 등장 초기에는 가상인간이라는 사실을 밝히지 않고 인스타그램을 통해 여행과 스포츠를 즐기는 모습을 공개하였고 2021년 신한라이프 광고에서 가상인간이라는 것을 알렸다. 당시 소비자들은 가상인간이라는 사실을 알지 못하였고 신인 모델이 등장했다고만 생각할 정도였다. 이후 로지는 다양한 브랜드에 광고모델로 참여하였다. 일회용 빨대 쓰지 않기 운동과 같은 공익 캠페인과 부산 엑스포 유치 홍보대사로도 활동하였다. 현재는 인간 광고모델이 하는 활동은 모두 하고 있으며 하나의 독립적인 객체로 인식될 정도이다.

그림 3. 가상인간 로지 광고

로지가 등장한 이후 롯데홈쇼핑은 가상모델 루시를 2020년 9월 선보였다. 가상모델 루시는 산업디자인을 전공한 29세의 디자인 연구원으로 소개되었으며 소셜미디어 활동을 하면서 소비자 브랜드와 협업을 통해 다양한 활동을 하고 있다. 가상인간 아티스트인 '한유아'는 온라인 게임 개발업체인 스마일게이트와 콘텐츠 솔루션 기업인 자이언트스텝이 공동으로 개발한 가상인간이다. 한유아는 '포커스온유(FOCUS on YOU)'라는 스마일게이트의 VR(가상현실) 게임의 주인공이며 가상 인플루언서로 활동하고 있다. 이솔은 네이버가 개발한 가상인간으로 라이브 커머스 쇼호스트로 활동하고 있다.

그림4. 가상인간

　가상인간은 인플루언서와 광고모델로 활동하는 경우가 대부분이다. 초기에 가상인간 광고모델은 호기심의 대상이었고 소비자들의 눈길을 끄는 데는 성공하였다. 하지만 광고모델로서의 가상인간에 대한 관심과 함께 가상인간이 가짜라는 인식이 증가하여 부정적인 평가가 나오기도 한다(황서이, 이명천, 2021). 가상인간이 너무 사람과 유사하게 될 때 발생할 수 있는 불쾌한 골짜기(uncanny valley)도 주의가 필요한 부분이다. 가상인간을 상업적으로 이용하고 있지만 인간과 유사한 가상인간은 존재 자체에 대한 고민이 필요하고 사회윤리적인 논의가 뒷받침되어야 한다(김유민, 2022). 가상인간이 창출하는 수익은 개발자가 소유하겠지만 앞으로 가상인간이 생성형 인공지능 기술과 결합하여 창작되는 경우 수익의 법적인 문제도 장기적으로 풀어야 할 숙제이다. 인간이 아니기에 가상인간이 등장하는 창작물의 윤리적인 문제도 고려가 필요하다. 가상인간이 불법적인 행동을 할 경우 책임 소재 문제도 해결이 필요하다. 광고모델로 활용하는 가상인간이 불법적인 문제에 연루될 경우도 광고주 이미지 추락과 관련하여 복잡한 법적 분쟁이 생길 수 있다.

3. 모빌리티

1) 자율주행차

인공지능이 적용된 기술 중 일상생활에서 쉽게 접할 수 있는 서비스가 자율주행 기술이다. 기본적인 자율주행 기능은 이미 실용화되어 현재 판매되는 자동차에도 장착되어 있다. 자율주행차는 사물인터넷을 기반으로 한다. V3X가 핵심이며 차량이 다른 사물을 인지하기 위해서는 5G기술과 데이터 저장 용량이 중요하다(카이스트 기술경영전문대학원, 2019). 자율주행 기술은 가속이나 제동과 같은 단순한 기능을 수행하는 레벨1을 시작으로 인간이 개입할 필요가 없는 레벨5까지 구분할 수 있다(Wang, 2019). 현재는 2-3레벨의 서비스가 기존 자동차 업계에서 제공되고 있지만 구글을 포함한 IT기업들은 레벨5를 최종 목표로 기술개발에 몰두하고 있다. 여기에 더해 인공지능 의도 인식 기술(Intention Recognition Intelligent Technology)이 발전하면 인간의 의도를 인공지능이 파악하여 주행에 반영할 수 있다(김도현, 권영진, 2021.11.).

자율주행 자동차에 탑승한 운전자들이 물리적인 기능 조작을 할 필요가 없기에 동영상을 시청하거나 음악을 듣는 등 다른 일을 할 수 있게 되어 자동차가 콘텐츠의 소비 공간이 될 수 있다(Herrman & Brenner, 2019). 자동차 앞유리는 면적도 크고 곡선으로 디자인되어 있어 디스플레이 디바이스로서 완벽한 형태를 가지고 있으며 자동차 탑승자들에게 깊이 있는 시청 경험을 제공할 수 있다. 이러한 자율주행 차량은 광고 매체로서 최적의 환경을 제공한다. 운전자가 TV 채널을 시청하게 되면 방송프로그램 광고를 자율주행 차량 화면에서 실감나게 볼 수 있다. 유튜브나 다른 SNS콘텐츠를 보는 경우의 차량 환경을 고려한 광고 노출도 가능하다. 자동차 극장을 방문할 필요 없이 차 안에서 영화를 즐길 수 있고 극장 광고와 같이 영화가 시작되기 전에 광고 집행도 가능하다. 자율주행 차량에서 집행되는 광고의 특징은 실감나는 화면을 통해 개인적인 광고 제공이 가능하다는 것이다. 이는 모바일과 TV가 가진 장점을 자동차 화면에 구현가능하다는 의미이다. 특히 이동 중이라는 점을 고려하면 모바일 광고와 같이 위치 기반 광고 제공도 가능하다. 맛집 검색을 통해 주변 식당에 대한 정보 제공이 가능하고 직접 방문도 자율주행 기술로 해결된다. 출퇴근과 같이 정기적으로 운행하는 이동 동선에는 지역과 관련된 광고를 제공할 수 있다. 소비자의 입장에서는 전통 미디어의 장점과 모바일 미디어의 편리함이 합쳐진 경험을 할 수 있다.

그림 5. 자율주행차 디스플레이 (출처: 현대모비스)

2) 테슬라의 오프라인 플랫폼

테슬라는 전기차를 생산하는 회사이지만 다른 자동차회사와 같이 차량만 판매하는 회사가 아니다. 테슬라는 '수퍼차져'라는 충전 네트워크를 운영하고 있다. 초기에는 테슬라 전용으로 운영되었지만 포드와 GM에 개방하여 현재는 다른 차량들도 충전을 할 수 있다. 공격적인 확충으로 북미의 전기차 충전의 표준이 될 가능성이 높은 것으로 평가받는다. 국내에서도 운영 중이며 테슬라 차량 구입자에게 일정 기간 무료로 충전 기회를 제공하여 영향력을 확대해 나가고 있다.

테슬라의 충전 네트워크는 단순한 전기차 충전소가 아니다. 전기차량을 하나의 네트워크로 묶는 역할을 한다. 테슬라 차량의 자율주행을 통해 수집한 데이터와 연동되면 오프라인의 강력한 플랫폼으로 기능할 수 있다. 현재는 막대한 투자가 소요되지만 장기적으로 자율주행차가 보편화되면 온라인 네트워크의 강자인 구글을 넘어서는 오프라인 플랫폼이 될 가능성도 배제할 수 없다. 앞으로 어떠한 사업으로 이용하느냐에 따라 달라지겠지만 네트워크가 생성된다는 것은 자율주행차 이용자들에게 다양한 서비스 제공이 가능하고 광고 매체로서의 역할도 기대할 수 있음을 의미한다. 기본적으로 자동차와 관련한 제품과 서비스의 플랫폼이 될 수 있고 지역별 특성에 맞는 맞춤형 서비스 제공도 가능하다.

4. 아웃도어

인공지능 기술이 가장 혁신적으로 적용될 수 있는 공간은 옥외이다. 미래를 그린 영화에서 종종 등장하듯이 옥외 미디어는 미래의 핵심적인 커뮤니케이션 도구이다. 〈마이너리티 리포트〉에서 주인공이 거리를 활보할 때 옥외 미디어들이 개인을 인식하여 맞춤 메시지를 제공하는 것을 볼 수 있다. 이러한 광경은 영화 〈블레이드 러너〉에서도 등장한다. 현재는 모바일 미디어가 핵심적인 미디어로 기능하지만 클라우드가 보편화되면 개인 단말기를 소지할 필요가 없어진다. 이 경우 옥외에서 만나는 미디어가 개인정보 인식을 통해 개인이 사용하는 단말기가 될 수 있다.

1) 디지털 사이니지

옥외광고는 과거 신문, 잡지, 방송, 라디오에 이어 5대 매체로 인정받았다. 인터넷의 등장으로 매체의 지위가 하락하였지만 전통 매체의 위상이 하락하면서 다시 주목받고 있다. 옥외광고는 노출의 양적인 면에서는 다른 매체와 비교가 불가능할 정도로 효과적이다. 물론 노출의 품질은 다른 미디어에 비해 떨어질 수 있지만 보행자와 운전자에게 단순한 메시지를 효과적으로 전달할 수 있다.

옥외광고는 고속도로에 설치되어 있는 야립광고가 대표적이었다. 현재는 디지털화된 형태의 사이니지가 옥외 미디어의 대표적인 미디어로 기능하고 있다. 디지털 사이니지는 옥외 미디어의 디지털화된 형태이다. 미국의 경우 야립광고도 동영상 광고 집행이 가능하지만 한국은 동영상은 금지되어 있다. 고속도로 야립광고의 경우 차량을 인식하여 그에 따른 메시지 전달이 가능하다. 디지털화된 야립광고는 재난 메시지 전달에도 효과적이다. 고속도로 상의 차량 사고나 자연재해의 경우 모바일 메시지로 전달하게 되면 운전자에게 위협이 될 수 있다. 그럴 경우 야립광고에 재난 메시지를 보내는 것이 효과적일 수 있다.

디지털 사이니지는 디지털 미디어라는 특성으로 인해 상호작용 메시지 전달이 가능하다. 예를 들어 보행자의 움직임을 감지해 반응적인 상호작용 메시지를 제공할 수 있다. 개인정보 보호로 인해 제한적이지만 보행자를 인식해 맞춤형 메시지도 제공할 수 있다. 유명한 상호작용 광고로 센서로 지하철이 들어오면 화면이 바뀌어 모델의 머릿결이 날리는 영상을 보내주는 샴푸광고(Hair-Raising Subway Ad)의 사례가 있다. 비행기 운항 정보와 연동하여 디지털 사이니지에 비행기 정보를 제공하는 영국항공(British Airways) 옥외광고의 집행 사례도 있다.

그림 6. 상호작용 디지털 사이니지

그림 7. 엠앤시 사치(M&C Saatchi) 광고

　최근에는 인공지능 기술을 활용하여 보행자 혹은 소비자와 직접적으로 상호작용하는 OOH광고가 등장하고 있는 상황이다. 엠앤시 사치(M&C Saatchi)가 제작한 광고로 수천 가지의 광고를 보여주고 반응이 좋은 광고만 살아남는 시스템을 선보였다.

　소비자의 감정 정보를 기반으로 디지털 사이니지 광고 시스템을 구축하는 경우 Video data collection, Face detection, Emotion recognition, Advertisement scheduling, Advertisement display 의 5가지 기능 블록으로 구성하여 인공지능 알고리즘을 통해 광고를

제안할 수 있다(최세종, 조연희, 손일수, 2019). 디지털 사이니지가 더 스마트해지면 개인을 인식하여 개별화된 메시지를 제공하는 것이 가능하다. 이는 기술적으로는 문제가 없지만 개인정보 보호 이슈로 인해 상용화할 수 없을 뿐이다. 궁극적으로 개개인을 인식하게 되면 모든 개인 보행자에게 맞춤형 메시지를 제공하는 것도 이론적으로는 가능하다.

2) 디지털 키오스크

디지털 키오스크는 OOH미디어의 일종으로 소형 디지털 사이니지라고 할 수 있다. 최근 식당에서는 디지털 키오스크가 주문을 대체하는 경우가 많다. 메뉴를 소개하는 정지화면과 함께 광고 동영상 재생도 가능하다. 패스트푸드점 벽면에 설치되어 있는 미디어는 디지털 사이니지라고 할 수 있고 주문을 하는 미디어가 디지털 키오스크라고 볼 수 있다. 두 매체 모두 동영상 광고 상영이 가능한 영상 미디어이다. 가장 일반적인 기능이 디지털 키오스크와 상호작용하면서 소비자가 키오스크를 통해 주문을 할 수 있다는 것이다. 최근 매장에서 인건비 상승으로 인해 키오스크를 도입하고 있으며 무인 매장의 경우 핵심적이고 경우에 따라 유일한 소비자 커뮤니케이션 미디어이다.

키오스크는 몇 가지 장점을 가지고 있다. 종업원과 대면이 필요 없어 대인 커뮤니케이션이 불편한 소비자들에게 효과적이다. 시각 정보를 활용한다는 차원에서 청각 장애인들에게도 효과적이다. 디지털 키오스크가 더욱 진화하여 소비자 개인을 인식하면 맞춤화된 서비스 제공도 가능하다. 물론 소비자들의 얼굴을 인식하는 인공지능 기술이 적용된다면 개인정보 보호 문제가 해결되어야 한다. 임다영과 유승철(2018)은 안면 인식 디지털 사이니지의 개인의 바이오정보 침해 위험이 증가하고 있는 현실에 국내 법제도가 미비하다고 지적하면서 향후 소비자를 보호하고 기업의 빅데이터 활용을 활성화 할 수 있는 방안을 표1과 같이 제안하였다.

표 1. 정책 제안

안면 인식 디지털 사이니지 관련 정책 과제 제안
• 사례 분석을 통한 실질적인 가이드라인 구축으로 바이오 정보 침해 사전 예방 및 민간 차원에서의 대응을 가능하도록 유도함
• 개인정보 정의와 목적에 대한 명확화 및 세분화로, 안면 바이오 정보를 포함
• 개인정보의 적극적 활용과 사생활 보호의 균형을 가능하게 하는 법제도 개정
• 안면 바이오 정보 정의와 보호 및 규제 방법 명시
• 안면 바이오 정보 활용에 관련한 분명한 절차 수립
• 전문화된 바이오 정보 관리 기관을 통해 안면 인식 디지털 사이니지 관련 바이오 정보 침해 문제 발생 시 효과적 대응 및 산업에서 바이오 정보의 긍정적 활용을 장려

3) 인공지능 옥외광고 시스템

옥외광고 분야에도 인공지능 기술이 활용될 수 있다. 인공지능으로 옥외광고를 할당하는 문제는 학습 데이터가 암시적 피드백이면서 오프라인 옥외광고 광고판 하나에 하나의 광고밖에 게시할 수 없다는 특수성이 있어 negative sampling과 Deep Interest Network를 적용하여 그림8과 같은 옥외광고 이력 데이터에 합당한 추천시스템이 제안될 수 있다(서현우, 김수혁, 유상기, 조승규, 조수필, 손종수, 임치현, 2021.6.). 이는 고객이 직접 서비스에 접속하여 계약 조건을 입력하면 데이터에 기반하여 옥외광고 매체를 추천받는 방식으로 이후 계약까지 한 번에 해결할 수 있다.

그림 8. Deep interest network

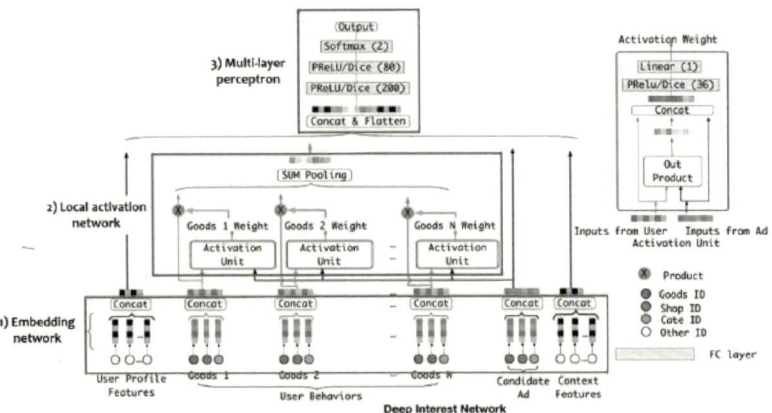

광고매체서 프로그래매틱 바잉과 마찬가지로 옥외광고에서도 인공지능을 활용한 전자 광고판을 운영할 수 있다. 디지털 led 인공지능 광고판은 현수막 광고로 인해 거리 미관을 해치는 것을 막고 전자 형태로 광고판을 게시하며 광고주와 직접적으로 연결시킬 수 있는 시스템이다(장민우 (2020.6.).

그림 9. 서비스 흐름도

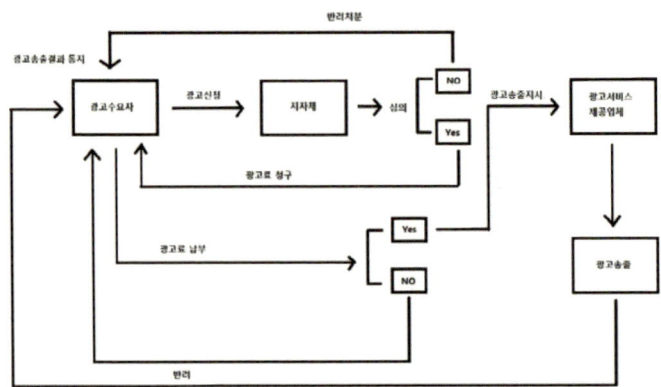

4) 광고 스크리닝

인공지능 기술은 옥외광고를 규제하는 데에도 사용될 수 있다. 지방자치단체는 지역별로 CCTV를 운영한다. CCTV 화질이나 성능은 다양하겠지만 불법 현수막이 주로 집행되는 곳에 CCTV 활용하여 불법 현수막을 찾아내는 데 사용될 수 있다. 거리에 현수막을 설치하는 것은 불법이지만 광고효과가 워낙 커서 불법인 것을 알고도 집행하는 경우가 많다. 구청에서 철거를 해 간다고 해도 다시 설치되는 경우도 종종 보게 된다. 불법 현수막을 찾아내고 과태료를 부과하는 데도 많은 시간과 인력이 낭비되는 현실이다. 인공지능 기술을 활용하게 되면 실시간으로 모니터링이 가능하다. CCTV의 성능이 뛰어난 경우 현수막 설치 주체를 알아내고 직접적으로 과태료 부과도 가능하다.

여기에도 개인정보 보호 문제가 뒤따른다. CCTV에 찍힌 일반인들의 개인정보 문제가 존재하기 때문이다. 이 경우 CCTV의 일반인을 비식별시키는 작업이 따라야 한다. 이 경우에 인공지능 기술이 활용될 수 있다. CCTV 촬영과 동시에 현수막 정보를 분석하고 개인들의 식별 정보를 삭제하는 작업이 동시에 이루어진다면 불법 광고물 규제도 효과적으로 진행할 수 있다. 더욱 진화하면 합법적인 광고물 관리에도 활용할 수 있다. 예를 들어 현재 정당 현수막 광고는 집행이 가능하다. 하지만 현수막 내용에 혐오적인 표현은 규제가 필요하다는 목소리가 높다. 이 경우 인공지능 기술을 활용하며 메시지 분석을 통해 선별적인 규제에 활용할 수 있을 것이다.

5) 로봇

인공지능 기술이 적용된 서비스 중에 로봇도 빼놓을 수 없다. 공장에서 사람들을 대신하여 일을 하는 로봇은 일찍부터 상용화되었다. 공장에서 일하는 로봇은 기능에 초점을 맞추어 인간의 팔 형태나 무거운 짐을 옮기기에 편한 형태로 인간의 형상을 직접적으로 닮지는 않았다. 최근에는 식당에서 음식을 서빙하는 로봇을 자주 볼 수 있다. 테이블에 음식을 전달하고 사용한 식기를 수거하는 일도 하고 있다. 공항에서는 길을 안내하는 로봇도 운영 중이다. 간단한 질문에 대답이 가능하고 사람들이 모르는 길에 대해 직접적으로 길 안내를 할 수 있다. 이러한 로봇들은 얼굴과 몸통 등 최소한의 형태를 가진 로봇들로 인간의 모습을 직접적으로 닮지는 않은 경우가 대부분이다.

로봇들은 광고 매체로서의 역할을 할 수 있다. 매장에서 운영되는 로봇은 판매원의 역할을 일정부분 대체할 수 있다. 이는 판매촉진 활동을 대체하는 기능을 할 수 있다는 의미이다. 로봇의 형태에 따라 디스플레이가 장착된 경우 판매촉진 메시지를 소비자에게 전달할 수 있다. 음성으로 정보를 제공하는 것도 가능하다. 공항이나 대형 쇼핑몰에서 운영되는 로봇은 움직이는 광고판 기능을 한다. 로봇의 형태가 장소에 적합하게 디자인된다면 장기적으로 옥외광고 기능을 대체할 가능성이 있다. 로봇이 스마트 기기와 연결된다면 유용성이 더욱 커지며 IoT에서 핵심적인 역할을 할 수 있다(한광석, 2017).

단순한 형태의 로봇을 넘어 휴머노이드는 인간과 흡사한 모습을 지니고 있다. 휴머노이드는 인간의 형태를 가지고 인간과 소통하며 인간이 하는 일을 유사한 형태로 대신 할 수 있다. 인간과 커뮤니케이션하면서 인간을 도와주는 로봇은 소셜 로봇이라고 따로 불리기도 한다(한광석, 2017). 휴머노이드 로봇은 인공지능과 결합되면 인공지능 스피커와 챗GPT 등 모든 기능을 동시에 수행할 수 있다. 또한 인간의 물리적인 행동도 모방이 가능해 실질적인 노동을 대신할 것이다. 사람들의 가사 노동을 대신할 것으로 기대되는 가사 로봇이 상용화될 날도 멀지 않았다. 일본의 휴머노이드 '에리카'는 방송 앵커로 데뷔하였다. 가상인간이 미디어 상에서 인간과 유사한 모습으로 인간의 역할을 하는 것과 물리적인 실체를 지닌 로봇이 등장하는 것은 또 다른 일이다. 사람을 돌보는 물리적인 일까지 로봇이 대체한다면 인간의 미래에 대한 고민이 더 깊어질 것이다.

휴머노이드는 인간성이라는 차원에서 더 큰 문제를 제기한다. 여성으로 형상화된 휴머노이드 '소피아'가 2018년 한국을 방문하여 큰 관심을 끌었다. '소피아'는 과거 인간을 파괴할 것이라는 답변으로 충격을 주었고, 2018년에는 아기를 낳아 가족을 이루고 싶다는 답변을 하였다. 사람들은 어느 것이 진심인지 궁금해하고 있다. 영국 엔지니어드 아츠가 개발한 로봇 '아메카'는 인간에게 반항할 것인가라는 질문에 질문자를 째려보기도 했다. 인공지능 기술은 이제 시작으로 더 발전할 것으로 보인다. 어디까지 기술 개발을 용인해야 하며 어떠한 규제가 필요할지에 대한 논의가 필요한 시점이다.

그림10. 휴머노이드 로봇

5. 메타버스

지금까지 논의한 일상 미디어를 포괄적으로 재현할 수 있는 공간이 메타버스이다. 비대면이 일반적이었던 시기에는 메타버스가 큰 관심을 받았지만 일상으로 돌아온 이후 과거에 비해 관심은 많이 떨어진 상태이다. 그동안의 과한 관심이 비정상적인 것이라고 할 수 있다. 대면 커뮤니케이션의 중요성과 함께 비대면 커뮤니케이션도 일상화될 것이고 메타버스는 핵심 플랫폼으로 기능할 것이다. 이른 시간에 메타버스의 전성기가 다시 찾아오기는 힘들겠지만 비대면 커뮤니케이션의 핵심 플랫폼으로 지속적인 연구 개발이 필요하다.

메타버스가 중요한 이유는 물리적인 현실 세상보다 사람들이 편리하게 만날 수 있다는 것이다. 가상 세계에서 이루어지는 커뮤니케이션이라는 특징으로 인해 인공지능 기술의 적용이 수월하다는 장점도 있다. 메타버스에서는 가정에서의 일상생활과 밖에서의 생활이 모두 구현될 수 있다. 자신의 가상공간에서 생활하는 과정에서 메타버스 상의 사람들과 자연스럽게 접촉이 가능하다. 메타버스에 구현된 광고는 미디어 광고이면서 이용자들의 시각에서는 옥외광고로 인지된다. 메타버스 상에 집행된 광고는 이용자 파악이 비교적 수월해 개인별 추천 광고 제공이 가능하다. 현실 세상보다 인공지능이 훨씬 효과적으로 적용 가능하다.

메타버스에서는 개인의 캐릭터가 중요한 역할을 한다. 이용자의 대리인으로 업무를 보고 회의에 참석하고 수업을 듣는다. 이러한 캐릭터에 인공지능 기술이 적용되면 인간의 일을 대신하는 메타버스 상에서의 자율행동 아바타가 실현될 수 있다. 메타버스 상에서 인간을 대신해 일을 하고 실적을 낸다는 것은 흥미로우면서도 두려운 일이다. 현실 세상에서의 활동과 메타버스 상에서의 비대면 활동이 인간의 일상생활의 두 축으로 기능하게 될 것으로 예상되며 우리의 육체가 어디 있는지 크게 구애받지 않고 생활하며 소비하고 커뮤니케이션하게 될 것이다. 인공지능 기술 또한 우리가 어디에 있든지 관계없이 우리의 생활에 도움을 주고 동시에 위협을 가하게 될 것이다.

참고문헌

고쿠보 시게노부 (2017). IT 빅 4, 세종연구원, 서울.
김도현, 권영진 (2021.11.). 노약자 지원용 모빌리티 운용을 위한 인공지능기반 탑승자 의도인식 기술. 대한인간공학회 학술대회논문집.
김유민 (2022). 버추얼 인플루언서의 존재와 윤리적 문제에 관한 고찰: 로지의 콘텐츠를 바탕으로, 차세대융합기술학회논문지, 6(10), 1911-1918.
박혜현, 이선민 (2021). 기술수용모델을 활용한 지체장애인의 인공지능 스피커 사용 의도에 관한 연구., 한국산학기술학회논문지, 22(2), 283-289.
서현우, 김수혁, 유상기, 조승규, 조수필, 손종수, 임치현 (2021.6.). Negative Sampling과 Deep Interest Network를 활용한 오프라인 옥외광고 추천시스템 개발. 대한산업공학회 춘계공동학술대회 논문집.
왕판, 정속양, 전종우 (2022). 인공지능 광고 특성이 소비자 구매의도에 미치는 영향. OOH광고학연구, 19(4), 81-99.
이정윤 (2022. 4. 27.). "지니야 도와줘!"…KT, AI스피커로 실버케어 강자 노린다, 지디넷코리아, https://zdnet.co.kr/view/?no=20220427111848
임다영, 유승철 (2018). 안면 인식 디지털 사이니지의 광고 매체로서 활용을 위한 제도적 고찰 및 향후 정책 과제 제안. 한국광고홍보학보, 20(4), 180-230, 10.16914/kjapr.2018.20.4.180
장민우 (2020.6.). 불법 현수막을 없애고, 도로를 아름답게 만들어주는 ict 기반의 디지털 led 인공지능 옥외 광고판 운용 서비스의 도입. 한국OOH광고학회 학술대회.
정상훈 (2022. 5. 10.). 사람보다 잘나가네… '가상 인간' 광고 장악, 서울위클리, http://www.weeklyseoul.net/news/articleView.html?idxno=68102
중앙일보 (2023, 1. 31.). [issue&] 윤여정 배우의 20대 모습 복원 AI 딥러닝 기술 활용한 광고 화제, 중앙일보, https://www.joongang.co.kr/article/25137022#home
최세종, 조연희, 손일수 (2019). 감정인식 알고리즘에 기반한 지능형 디지털 사이니지의 구현. 전자공학회논문지, 56(3), 63-72, 10.5573/ieie.2019.56.3.63
카이스트 기술경영전문대학원 (2019). 한국 산업의 미래 전략, 서울, 율곡출판사.
한광석 (2017). 인공지능 로봇이 광고 미디어 플랫폼으로서의 가능성에 대한 탐색적 고찰. 2017 Fall / The 60th International Conference, 59-67.
황서이, 이명천 (2021). 텍스트 마이닝을 활용한 광고 모델로서의 '가상 인플루언서' 인식변화 분석: 언론미디어와 소셜미디어를 중심으로. 한국광고홍보학보,

23(4), 265-299.

Galloway, S. (2017). The four: The hidden DNA of Amazon, Apple, Facebook, and Gogoole, Penguin Random Hpuse LLC, New York.

Wang, W. (2019). AI 트렌드와 투자 인사이트, 고보혜 옮김, 서울, 시그마북스.

PART 02

AI 기반 디지털 광고 전략 활용 사례

AI 기반 맞춤형 광고
강한나

●

생성형 인공지능 시대, 맞춤형 TV광고의 진화
박종구

●

AI Data 기반의 소셜미디어 마케팅 전략 수립
최모세

AI 기반 맞춤형 광고

강한나

　AI를 활용하여 맞춤형 광고가 더욱 정교해지고 있다. 기존 맞춤형 광고란, 인터넷 이용자의 웹사이트 방문 이력, 구매 및 검색 이력 등의 행태정보를 활용하여, 이용자의 관심, 흥미에 맞춰 이용자가 방문하는 웹사이트에 관련 제품 광고를 제시하는 광고이다. 하지만, AI를 활용한 맞춤형 광고는 오디언스 타겟팅을 이용하여, 비식별 개인정보를 분석해 해당 상품을 좋아할 만한 이용자에게 광고를 보여주는 방식을 활용한다. 더 나아가, 이제는 AI가 콘텐츠 맥락을 이해해 연관성이 높은 지면에 광고를 게재하는 것이 가능해졌다. 예를 들어, 특정 주제로 대화가 이루어지는 공간(예, 인터넷 카페)에서 선크림 대화가 이뤄진다면, AI 기술을 활용하여 선크림 제품 광고를 띄우는 등 더 정교한 타깃팅이 가능하다. 이러한 AI 기반의 맞춤형 광고는 소비자들에게 전달 효과를 높일 수 있다는 기대도 있지만, 부정적인 시각 역시 존재한다. 따라서, 본 장에서는 AI 기반 맞춤형 광고의 특성과 사례를 살펴보고, 생성형 AI 기술을 활용한 광고 분야의 사례와 문제점에 대해 살펴보고자 한다.

1. 개인 맞춤형 서비스

소비자들은 개인화 서비스에 대해 긍정적인 태도를 보인다. 메조미디어(2023a)의 개인화 서비스에 대한 소비자 태도 조사에 따르면, 응답자의 72%는 기업이 나를 개인으로 인식하고 나의 관심사를 알기를 기대한다고 응답하였고, 71%의 응답자는 개인화된 커뮤니케이션과 제품을 제공 받는 것을 원한다고 응답하였으며, 응답자의 76%는 개인화된 브랜드에서 구매를 고려할 가능성이 더 높다고 응답하였다.

개인화 서비스에 대한 선호도가 높아짐에 따라, 최근 다양한 업종에서 소비자에게 개인 맞춤형 서비스를 제공하기 위해 AI를 활용하고 있는 모습이다(메조미디어, 2023a). 특히, 데이터 분석에 AI를 활용함으로써 정확성과 활용성이 증대되고 있다(메조미디어, 2023a). 예를 들어, OTT의 경우 이용자의 선택 콘텐츠, 완독 콘텐츠 등의 빅데이터를 활용하여 AI 추천 알고리즘으로 맞춤 콘텐츠를 제안하고, 커머스의 경우 이용자의 검색 패턴, 구매 상품에 대한 반응, 장바구니 내역 등의 정보를 AI 예측 알고리즘으로 분석하여 개인 맞춤형 제품을 추천한다(메조미디어, 2023a).

특히, 잘파세대(Z + Alpha)는 2023년 상반기부터 새로운 마케팅 타깃으로 부상하고 있다(나스미디어, 2023a). 잘파세대란, Z세대(1990년대 중반에서 2000년대 초반에 출생한 세대)와 알파세대(2010년 이후 출생한 세대)를 합친 신조어이다. 이 세대는 디지털 온리(only) 세대로 불리며, 디지털 친화적인 출생 환경을 가지고 있고, 이미지와 영상을 선호하며, 콘텐츠 제작과 소비의 주체가 된다(나스미디어, 2023a). 또한, 메타버스와 AI에 친숙하다는 특징을 가지고 있다. 또한, 이들은 디지털 미디어 이용에도 개인 중심의 형태를 보이며, 개인 및 개인의 관심사에 집중하는 소비 형태를 보인다(나스미디어, 2023a). 따라서, 이들은 AI 개인화 추천서비스와 같은 맞춤형 서비스를 선호하는 경향을 보인다(나스미디어, 2023a).

2. AI 검색·쇼핑

AI 개인화 추천서비스와 같은 맞춤형 서비스의 예로, 에이블리(ABLY)를 들 수 있다. 에이블리(ABLY)는 인공지능(AI)을 통하여 소비자 취향에 맞는 상품을 제공하는 스타일 커머스 플랫폼이다. 에이블리는 인공지능(AI)을 통한 개인 취향 추천 서비스를 이용하여 소비자에게 패션, 뷰티, 홈데코 등 취향 맞춤형 상품을 제공하고 있다(그림 1 참조).

G마켓의 경우, 모바일 앱 전면에 AI기반 개인화 서비스를 제공한다. 예를 들어, 홈 정면에 노출되는 데일리 특가딜, 슈퍼딜의 경우 AI 알고리즘을 기반으로 최근 구매하거나 검색한 상품, 검색 빈도, 상품 페이지 검색 빈도 등을 분석해 초개인화 서비스인 개인 맞춤형 광고를 제공한다(오지은, 2023) (그림 2 참조). 또한, 상품 검색 시 최저가 제품을 우선 정렬해 보여주는 초개인화 기반의 가격 비교 서비스를 제공한다. 예를 들어, 헤어

그림 1. AI 개인화 추천서비스 - 에이블리(ABLY)

출처: 에이블리 홈페이지

그림 2. AI 개인화 추천서비스 – G마켓

출처: 오지은(2023). G마켓, 개별 맞춤 쇼핑 환경 만든다…AI 초개인화 서비스 강화, 매일경제,
http://stock.mk.co.kr/news/view/49619

드라이어를 구매하려는 이용자가 A 브랜드 드라이어를 검색해 상품 페이지로 들어가면, 페이지 상단에 '같은 상품 가격 비교하고 구매해 보세요' 문구가 적힌 안내 탭이 노출된다. 이를 클릭하면 배송비 포함 쿠폰 적용가 기준으로 최저가 상품을 소개해준다(GMarket, 2023)(그림 3 참조).

그림 3. AI 가격 비교 서비스 – G마켓

출처: GMarket(2023). G마켓, 초개인화 기반 '가격비교' 검색 오픈.
https://news.gmarket.com/index.php/blog-detail/?pid=828

서드 파티(Third-party) 데이터의 사용이 제한되면서 퍼스트 파티(First-party) 데이터를 기반으로 하는 검색광고와 AI 기반 추천 기능인 써제스트(Seargest: Search + Suggest) 기술이 검색과 쇼핑 시장에서 주목을 받고 있다(인크로스, 2023a). 써제스트 기술이란, 검색(search)과 추천(suggest)의 합성어로 개인의 데이터와 취향을 기반으로 상품이나 콘텐츠를 찾고 추천하는 AI 기술이다(인크로스, 2023a). 예를 들어, 아마존(Amazon)에 적용된 써제스트 기술은 검색어를 입력하면 오타 수정 및 번역을 통해 가장 적합한 검색 결과를 도출하고, 감정 또는 정황분석을 통하여 다양한 검색 결과를 제공한다(인크로스, 2023a).

또한, 최근 챗GPT 등 거대 언어 모델에 기반한 생성형 AI 서비스들이 등장하면서 검색 경험과 쇼핑 경험에도 큰 변화가 생기고 있다(인크로스, 2023b). 생성형 AI 기술로 인하여, 키워드 검색이 아닌 문장으로 검색이 가능하고, 생성형 AI 도입을 통한 자연어 처리를 통해 웹사이트나 웹문서 제공 형태가 아닌 필요한 정보를 요약해 제시해 주는 형태를 띠게 되었다(인크로스, 2023b). 이로 인해 검색 광고의 형태도 채팅방 하단 배너광고나 채팅방 답변 이용 링크를 통한 광고 형태로 변할 것으로 예측된다(인크로스, 2023b)(표 1 참조).

표 1. 검색광고와 AI 알고리즘

	검색광고		AI 알고리즘
데이터 종류	퍼스트 파티 데이터	써제스트 (Seargest)	AI기반 검색 + 추천
데이터 제공 주체	고객	초개인화	소비자별 추천
정확도와 신뢰성	높음	이미지 서치	이미지로 상품 검색
데이터 예시	연락처, 구매 내역, 자사 웹사이트 활동 등	24시간 상호작용	고객과의 24시간 상호작용

출처: 인크로스(2023a). AI가 꿈꾸는 마케팅, 당신은 준비됐나요? AI가 불러온 검색 광고와 쇼핑 광고의 변화와 전망.
INCROSS Marketing Insight

네이버 카페처럼 특정 주제로 대화가 이루어지는 커뮤니티 공간에서 특정 주제 콘텐츠를 소비하는 이용자들을 대상으로 하는 마케팅이나 지역 기반 커뮤니티(예, 당근마켓)에서 키워드 검색 시 키워드 관련 상품을 노출하는 검색광고와 같은 다양한 광고가 등장하고 있다(인크로스, 2023b). 예를 들어, 네이버 카페에서 선크림 대화가 이뤄진다면 선크림 제품 광고를 띄우는 등의 정교한 검색광고의 형태를 이용한다는 것이다.

또한, 검색 방식의 변화로 인하여 커머스 내 쇼핑 경험과 검색 방식도 변화하게 되었다(인크로스, 2023b). AI 기반 검색 방식인 써제스트와 추천을 통하여 이용자는 초개인화 서비스를 이용할 수 있고, 이미지로 상품 검색이 가능하며, 고객과 챗봇을 통한 24시간 상호작용을 하는 형태가 가능해지고 있다(인크로스, 2023b).

AI 기반 초개인화 검색 서비스의 예로 네이버를 살펴볼 수 있다. 네이버는 AI 기반 상품 추천 기술을 고도화하여 검색 결과에 2가지 쇼핑 블록을 제공하고 있는데, 이용자의 쇼핑 이력을 분석해 개인화된 검색 결과를 제공하는 '맞춤형 블록'과 추가로 탐색할 만한 쇼핑 관심사를 연결하는 '추천형 블록'이다(네이버, 2023a). '맞춤형 블록'의 경우, 이용자가 그동안 찾아본 상품들을 알아서 모아주고, 연관된 상품, 브랜드, 스토어를 추천해 준다(네이버, 2023a). 예를 들어, 최근에 '테이블'을 검색했던 사용자가 다시 '테이블'을 검색한다면, 맞춤형 블록에서 이미 장바구니 담은 테이블, 5일 전 클릭한 테이블, 장바구니 담은 테이블과 비슷한 상품들을 모아서 제공한다. 또한, 이 테이블과 어울리는 다이닝 체어를 검색할 경우에도 클릭한 테이블과 어울리는 다이닝 체어 상품을 모아서 제공한다. 이처럼 같은 검색 키워드라 하더라도 이용자마다 다른 개인화된 결과를 제공하고, 이해하기 쉬운 추천 사유를 함께 제공한다(네이버, 2023a)(그림 4 참조).

'추천형 블록'의 경우, 이용자가 입력한 검색어를 통해 더 넓은 범위의 관심사를 파악하고 예측하여 연관된 다양한 상품들을 제안해주는 서비스이다(네이버, 2023b).

그림 4. 네이버 맞춤형 블록

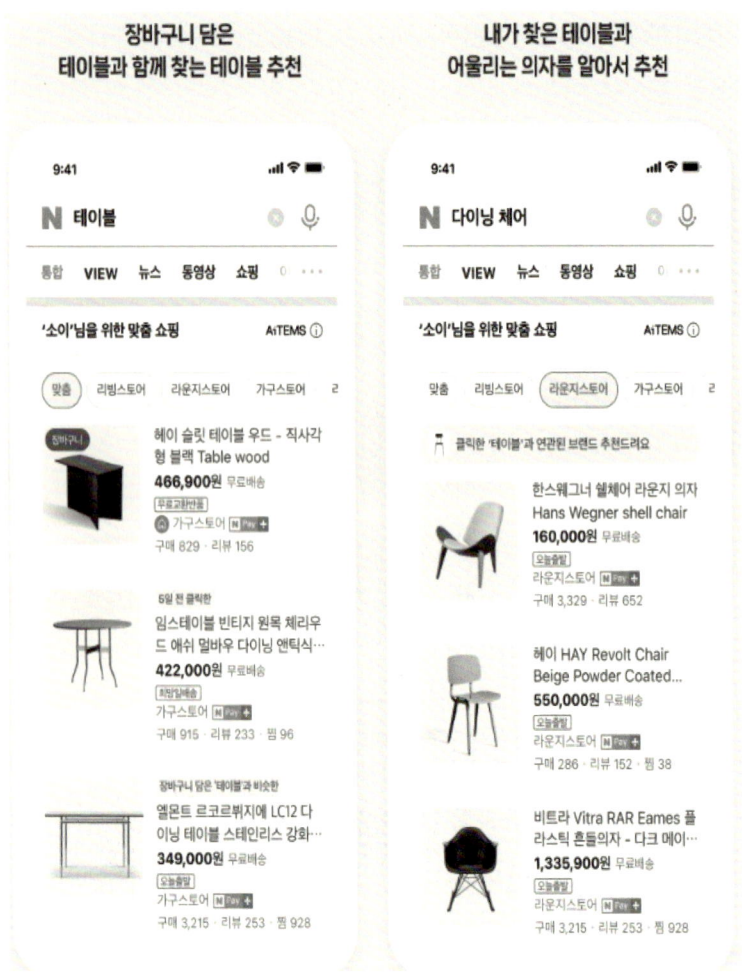

출처: 네이버(2023a). https://blog.naver.com/naver_search/223171055156

예를 들어, 검색어와 연관된 쇼핑 이력이 있는 경우, 이를 이용해 추천 상품을 결정하게 된다. 이용자가 '캠핑의자'를 동일하게 입력하였지만, 이전에 '야간조명, 타프' 등을 검색한 이용자에게는 '캠핑용품' 주제가 추천되고, '삼겹살, 밀키트' 등을 검색한 이용자에게는 '캠핑요리'가 추천되는 방식이다(네이버, 2023b)(그림 5 참조).

그림 5. 네이버 추천형 블록

출처: 네이버(2023b). https://blog.naver.com/naver_search/223185243696

3. 생성형 AI

그랜드 뷰 리서치(Grand View Research)는 글로벌 생성형 AI 시장 규모를 2022년 101억 달러에서 연평균 34.7%씩 성장하여, 2030년에는 1,093억 7천만 달러에 이를 것으로 전망했다(Grand View Research, 2023). 생성형 AI 기술은 개인의 취향과 니즈에 최적화된 초개인화 모델로 발전할 것으로 전망된다(나스미디어, 2023a).

그렇다면, 생성형 AI 검색(예, 챗GPT)이 기존 검색과 다른 점은 무엇인가? 생성형 AI(Generative AI)는 이용자의 자연어 질문을 이해하고, 질문의 문맥과 의도에 따라 결과를 능동적으로 생성해 내는 인공지능(AI)기술을 의미한다(나스미디어, 2023a). 즉, 생성형 AI 검색은 사용자 질문에 새로운 정보를 더해 응답함으로써 기존 검색 엔진보다 더 생성적인 답변을 제공한다는 특징이 있다(인크로스, 2023a). 또한, 사용자와 상호작용이 가능하며, 이전의 질문을 기억하고 유연성 있게 답변하며 사용자 질문을 이해하고 의도에 맞는 결과를 제공한다는 특징을 가지고 있다(인크로스, 2023a). 반면에 기존 검색 엔진은 키워드 검색을 통해 사용자와 상호작용이 없는 정보를 독립적으로 제공한다(인크로스, 2023a). 또한, 기존 검색 방식은 새로운 정보를 생성할 수 없고, 사용자의 질문을 이해하고 답변하는 방식이 아닌 검색을 통한 정보를 제공하는 방식이다(인크로스, 2023a)(표 2 참조).

챗GPT와 같은 생성형 AI 검색은 단순화된 검색 프로세스로 인한 높은 효율성으로 인하여 다방면에서 활용되고 있다.

표 2. 생성형 AI로 검색과 기존 검색 엔진의 차이

	생성형 AI 검색	기존 검색 엔진
인공지능 기술	• 인공지능 기술인 언어 모델링을 사용하여 사용자 질문에 답변 생성	• 키워드 검색을 통한 정보 제공
생성성	• 사용자 질문에 새로운 정보를 생성 • 기존 검색 엔진보다 더 생성적인 답변 제공	• 새로운 정보를 생성할 수 없음
상호작용	• 사용자 친화적 상호작용 • 질문을 이해하고 대답하는 방식	• 키워드 검색을 통한 정보 제공 • 사용자와 상호작용 없음
연관성	• 사용자 이전의 질문을 기억하고 연관성을 고려해 유연성 있게 답변	• 질문에 대한 답변을 제공하지 않으며 각 검색마다 독립적으로 정보 제공
질문·문맥 이해도	• 자연어 처리 기술을 통해 사용자 질문을 이해하고 의도에 맞는 결과 제공	• 사용자 질문을 이해하고 답변하는 방식이 아닌 키워드 검색을 통한 정보 제공의 방식

출처: 인크로스(2023a). AI가 꿈꾸는 마케팅, 당신은 준비됐나요? AI가 불러온 검색 광고와 쇼핑 광고의 변화와 전망.
INCROSS Marketing Insight

 기존 검색 엔진을 이용할 경우에는 키워드 검색 후 검색 결과물 내 알맞은 정보를 탐색하고, 그 정보를 선정 후 정리하여 인사이트를 얻는 과정이 필요하다(인크로스, 2023a). 하지만, 챗GPT를 활용할 경우에는 문장형 질문을 입력한 후 바로 원하는 정보를 얻을 수 있기 때문에 쉽게 인사이트를 얻을 수 있다는 높은 효율성이 있다(인크로스, 2023a).

 예를 들어, 구글은 온라인 쇼핑에 생성형 AI를 활용해 가상으로 옷을 입어볼 수 있는 가상 시착(Virtual try-on) 기능을 제공하고 있다(Rincon, 2023). 또한, 추가 옵션(More options) 기능을 통해 정교한 제품(fine-tune products) 검색이 가능하도록 하고 있다(Rincon, 2023)(그림 6 참조).

그림 6. 구글의 가상 시착(Virtual try-on) 기능

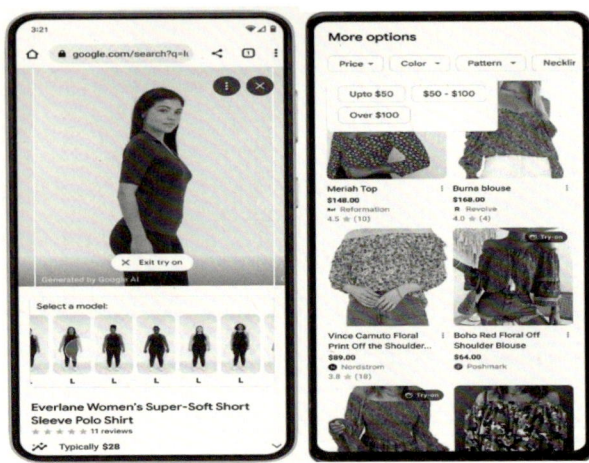

출처: Rincon, L. (2023). Virtually try on clothes with a new AI shopping feature. https://blog.google/products/shopping/ai-virtual-try-on-google-shopping/

4. 광고 창작 분야의 생성형 AI 기술 활용

광고 타겟팅, 개인화 광고 등에 활용되었던 AI 기술이 광고 창작 분야에도 확대되고 있다. 빅데이터와 생성형 AI 기술을 활용하여 광고 분야에서 창의적인 콘텐츠 개발에 활용이 가능해졌다(메조미디어, 2023b).

1) 네이버, 'AI 큐시트 헬퍼'

네이버의 경우, 생성형 AI 기술을 활용해 쇼핑라이브 대본을 자동으로 작성하는 'AI 큐시트 헬퍼' 서비스를 제공하고 있다(나스미디어, 2023b)(그림 7 참조). 'AI 큐시트 헬퍼'는 AI가 블로그나 스마트 스토어로부터 추출하고 요약한 제품의 핵심 정보(장점, 고객 리뷰 등)를 기반으로 네이버 초대규모 언어 모델인 '하이퍼클로바' 기술을 활용해 전문 쇼호스트나 인플루언서의 화법과 문체로 대본 초안을 생성하여 제공한다. 큐시트는 상품의 기본 정보부터, 타킷 고객, 제품 활용 방법 등으로 구성되며, 오프닝부터 상품 소개, 클로징으로 이어지는 라이브

그림 7. 네이버 AI 큐시트 헬퍼

출처: 'AI 큐시트 헬퍼' 서비스 예시. 네이버

커머스 대본의 기본적인 구조를 갖추고 있기 때문에, 판매자는 AI가 제안한 큐시트 초안을 참고해 자신만의 대본을 더욱 효율적으로 작성할 수 있다(윤선영, 2023).

2) CJ, 'AI 카피라이터'

CJ는 생성형 AI를 활용해 광고 카피를 고객 성향 맞춤형으로 제작할 수 있는 '성향 맞춤 AI 카피라이터'를 개발하였다. 마케터가 홍보할 제목과 문구 등의 기본적인 정보만 입력하면 AI가 고객의 성향에 따라 자동으로 광고 카피를 제작해준다(메조미디어, 2023a; www. cj.net). 예를 들어, 이상적, 감정적 성향의 고객에게는 대화체와 비유적 표현 방식의 문구를 제안해주고, 현실적, 이성적 성향의 고객에 대해서는 제품의 효과와 계량화된 정보의 문구를 제안해준다(www.cj.net). 그 결과, AI가 작성한 고객 맞춤형 문구는 기존 문구 대비 고객 반응률이 30% 이상 향상된 결과를 보였다(메조미디어, 2023a; www. cj.net).

3) AI를 활용한 광고 제작 사례

SPC 배스킨라빈스는 2023년 4월 이달의 맛 '복숭아로 피치 올려' 출시를 기념해 국내에서 처음으로 챗GPT를 활용한 광고를 제작하였다(지영호, 2023). 오픈 AI 인공지능 챗봇 서비스인 챗GPT에 배스킨라빈스 '이달의 맛'을 주제로 동화 초안을 요청하고 이를 각색해 광고 영상을 완성하였다(지영호, 2023) (그림 8 참조).

LG유플러스는 이미지, 음성, 영상까지 모두 생성형 AI를 활용하여 제작한 영상광고를 선보였다. 이 광고는 20대 고객을 위해 데이터 제공량을 늘리고 혜택을 확대한 '유쓰(Uth) 청년요금제' 출시를 기념

그림 8. 배스킨라빈스 '복숭아로 피치 올려'

출처: 지영호(2023). 배스킨라빈스, 챗GPT가 만든 동화 광고 공개. 머니투데이,
https://news.mt.co.kr/mtview.php?no=2023040410252062153

해 만들어졌다. 광고의 내용은 20대 배우 주현영이 LG유플러스의 빠른 퇴근을 꿈꾸는 마케터가 되어 AI에게 광고 제작을 맡긴다는 내용이다(구교형, 2023). LG유플러스는 이미지, 음성, 영상까지 모두 생성형 AI를 활용하여 제작한 영상광고를 선보였다(그림 9 참조).

그림 9. LG유플러스 AI 광고

출처: 유플러스

롯데리아의 'K버거, K음악이 되다'라는 광고는 AI가 만든 비트를 바탕으로 제작한 광고이다(그림 10 참조). AI가 불고기 버거 이미지를 비트로 바꾼 뒤 전문가들의 편곡을 거쳐 탄생한 음원을 이용하여 광고를 제작하였다(이정화, 2023). 광고 하단에 '이 음악은 AI가 불고기버거 이미지를 변환하여 만들었습니다'라는 문구가 삽입되어 있다.

그림 10. 롯데리아 불고기버거 광고

출처:Youtube

코카콜라는 '크리에이트 리얼 매직(create real magic)'이라는 플랫폼을 공개하고, 코카콜라의 상징인 브랜드 디자인을 활용해 독창적인 작품을 만드는 콘테스트를 실시하였다(그림 11 참조). 미국 및 영어권 일부 국가에서 실시한 이 콘텐스트는 참여자가 코카콜라 고유의 윤곽 병과 문자 로고, 코카콜라 산타클로스, 북극곰 등 코카콜라 광고 아카이브에 있는 수십가지 브랜드 요소를 활용하여 AI 기반 창작물을 만들면 되는 콘테스트이다(Contenta, 2023).

그림 11. 코카콜라 Create Real Magic

출처: Youtube

5. 생성형 AI 문제점

생성형 AI의 부정적인 측면도 존재한다. 논문 및 과제물 표절, 정보 도용, 혐오 및 차별 표현, AI가 만든 작품의 저작권 문제 등의 AI 안전성에 대한 우려가 제기되고 있다(인크로스 2023a). 첫째, 챗GPT는 순식간에 많은 양의 전문 지식을 담은 글이나 논문을 작성할 수 있는 능력 때문에, 논문 및 과제물 표절 문제가 발생할 수 있다. 따라서, 교육이나 연구 분야에서의 챗GPT와 같은 AI 활용에 대한 부작용을 막을 수 있는 새로운 윤리기준을 만들거나 제도적인 측면의 보안이 필요하다는 의견이 제기되고 있다(남혜정, 최지원, 2023).

둘째, AI의 혐오 및 차별 표현 사용의 예로 네이버의 경우를 들 수 있다. 네이버가 AI를 이용해 기사를 추출해 비슷한 주제를 다룬 뉴스를 묶어서 제공하는 과정에서 여성 혐오 표현이 담긴 제목을 달아 비판을 받은 경우가 있었다. 2023년 3월 20일, 여러 매체는 통계청 자료를 바탕으로 '40대 초반 신부가 20대 초반 신부보다 많아졌다'는 기사를 제공하였는데, 이때 네이버는 이 내용을 다룬 기사들을 묶음 기사로 제공하며, '40대 초반 신부, 여 나이 30 넘으면 상폐라고'라는 대표 제목을 달았다. 문제가 된 단어인 '상폐'는 상장폐지의 줄임말로, 일정 나이 이상이 되면 가치가 없다는 의미의 혐오표현으로 사용되고 있다. 네이버 측에 따르면, 인공지능 알고리즘에 의한 편집 및 추천 서비스 제공 과정에서 인공지능 알고리즘이 문제의 제목을 자동을 달았다고 설명하면서, 네이버 측은 해당 묶음 기사의 제목을 '40대 초

그림 12. 네이버의 AI의 혐오

출처: 이주빈, 정인선(2023). 하필이면 '혐오표현' 고른 네이버 AI…"기술 탓만 하지 마라".
한겨레. https://www.hani.co.kr/arti/society/women/1084363.html

반 신부. 여성 연상 부부 역대 최고'로 바꿨다(이주빈, 정인선, 2023)(그림 12 참조).

셋째, 전 세계적으로 AI가 만든 작품의 저작권 문제를 둘러싼 논란이 빚어지고 있다(이용성, 2023). 2023년 9월 11일, '캐벌리어와 클레이의 놀라운 모험'으로 퓰리처상을 수상한 마이클 샤본과 다른 미국 작가들이 챗GPT 개발사인 오픈 AI를 고소하였다. 오픈 AI가 자신의 작품들을 무단으로 복사해 챗GPT의 학습 데이터에 포함시켰다는 것이었는데, 챗GPT 시스템이 자신의 작품을 정확하게 요약하고 스타일을 모방한 글을 생성할 수 있기 때문에, 오픈 AI 대상 저작권 침해를 규탄하는 고소장을 제출하였다(이용성, 2023). 이와 같은 저작권 침해뿐만 아니라 AI가 만들어낸 그림이나 소설, 웹툰 등의 작품을 창작물로 보고 저작권과 특허권을 인정해야 하는지에 대한 의견은 전문가 사이에서도 엇갈리고 있다(이용성, 2023).

넷째, 생성형 AI의 가장 큰 문제점 중 하나는 생성형 AI가 오답을 제시하고, 거짓된 정보를 사실인 듯 제공한다는 것이다. 마이크로소프트의 빙(bing)과 구글의 바드(bard) 모두 시연회에서 오답을 제공하여 신뢰성의 문제가 제기되었다. 마이크로소프트 빙 시연회에서, 청바지 기업인 갭(GAP)의 지난해 3분기 실적의 핵심을 요약해 달라는 질문에 총마진율과 영업마진율 오답을 제시하였고, 구글 바드 시연회에서 역시, 제임스웹 우주망원경에 대한 질문에 대한 답변으로 제임스웹 우주망원경이 최초로 태양계 밖의 행성을 찍었다는 잘못된 정보를 제시하였다(뉴스핌, 2023; 인크로스 2023a).

지금까지, AI 기반의 맞춤형 광고의 특성과 사례를 통해, AI 기술을 활용한 광고의 장점과 문제점을 살펴보았다. AI 기술을 사용하여 축적된 데이터를 기반으로 한 AI 기반 초개인화 맞춤형 광고는 개인화된 메시지를 전달하고 서비스를 추천함으로써, 소비자의 미디어 이용과 콘텐츠 소비에 직접적인 도움이 된다(전종우, 2022). 하지만, 이러한 AI 기반 맞춤형 광고의 유용성과 더불어, 부정적인 측면 또한 분명히 존재하는 것도 사실이다. 따라서, 광고를 소비하는 소비자들에게 이러한 부정적인 측면을 최소화하고 소비자 권익이 증대될 수 있는 규제와 정책도 함께 고려되기를 기대해본다(전상민, 2022).

참고문헌

구교형(2023). "제작비 4분의 1 절감" AI로 만든 LG유플러스 광고. 경향신문. https://m.khan.co.kr/economy/economy-general/article/202307041000001#c2b

나스미디어(2023a). 2023 상반기 Media Trend Report.

나스미디어(2023b). Media & Market Issue. 주요 미디어 & 마켓 이슈. vol. 342

남혜정, 최지원(2023). 논문도 척척 '챗GPT'에 교육계 비상… "AI 글 식별기술 개발중". 동아일보. https://www.donga.com/news/Economy/article/all/20230120/117521785/1

네이버(2023a). 내 쇼핑 이력에 맞춰 검색 결과를 제공하는 '맞춤형 블록'. https://blog.naver.com/naver_search/223171055156

네이버(2023b). 초대규모 AI '하이퍼클로바' 기술로 쇼핑 관심사를 추천하는 '추천형 블록' https://blog.naver.com/naver_search/223185243696

뉴스핌(2023). 구글 '바드' 오답 "문장 자동완성 시스템이 오정보 생성". https://www.newspim.com/news/view/20230209000680

메조미디어(2023a). 2023 소비 트렌드 시리즈-03 개인 맞춤형 서비스. Insight M X CJ AI Center

메조미디어 (2023b). Media & Market Report. 2023. 05.

오지은(2023). G마켓, 개별 맞춤 쇼핑 환경 만든다…AI 초개인화 서비스 강화. 매일경제. http://stock.mk.co.kr/news/view/49619

윤선영(2023). 네이버, `AI 큐시트 헬퍼` 출시… 쇼핑라이브 대본 작성 돕는다. 디지털타임즈. https://www.dt.co.kr/contents.html?article_no=2023060102109931820004&ref=naver

이용성(2023). 퓰리처상 수상 작가도 챗GPT 고소… 커지는 AI 저작권 논란. 조선비즈. https://biz.chosun.com/international/international_general/2023/09/12/NXV23TG37VDQRBZEWBIEQOKWYY/?utm_source=naver&utm_medium=original&utm_campaign=biz

이정화(2023). 광고업계의 AI 활용법…롯데리아 햄버거 이미지가 윤하가 부른 음원으로 재탄생[요즘광고]. 파이넨셜뉴스. https://www.fnnews.com/

news/202308081558264386

이주빈, 정인선(2023). 하필이면 '혐오표현' 고른 네이버 AI…"기술 탓만 하지 마라". 한겨레. https://www.hani.co.kr/arti/society/women/1084363.html

인크로스(2023a). AI가 꿈꾸는 마케팅, 당신은 준비됐나요? AI가 불러온 검색 광고와 쇼핑 광고의 변화와 전망. INCROSS Marketing Insight

인크로스(2023b). 2023 상반기 마케팅 트렌드 & 이슈 결산

전상민. (2022). 온라인 맞춤형 광고의 구분 인식과 긍부정 평가에 따른 소비자유형별 특성과 결정요인 연구. 소비자문제연구, 53 (2), 31-58.

전종우. (2022). 프라이버시, 인공지능 유용성, 인공지능 기술에 대한 감정적 반응이 맞춤형 광고태도와 광고회피에 미치는 영향. 광고연구, (133), 5-26.

지영호(2023). 배스킨라빈스, 챗GPT가 만든 동화 광고 공개. 머니투데이. https://news.mt.co.kr/mtview.php?no=2023040410252062153

CJ. (2023). CJ, 'AI 카피라이터' 도입… 성향맞춤 광고 문구 쓴다. https://www.cj.net/cj_now/view.asp?bs_seq=15329

Contenta(2023). 인공지능(AI)을 활용한 코카 콜라의 마케팅 사례. https://magazine.contenta.co/2023/03/%EC%9D%B8%EA%B3%B5%EC%A7%80%EB%8A%A5ai%EC%9D%84-%ED%99%9C%EC%9A%A9%ED%95%9C-%EC%BD%94%EC%B9%B4-%EC%BD%9C%EB%9D%BC%EC%9D%98-%EB%A7%88%EC%BC%80%ED%8C%85-%EC%82%AC%EB%A1%80/

GMarket(2023). G마켓, 초개인화 기반 '가격비교' 검색 오픈. https://news.gmarket.com/index.php/blog-detail/?pid=828

Grand View Research (2023). Generative AI Market Size, Share &Trends Analysis Report By Component (Software, Service), By Application (Computer Vision, NLP), By End-use (BFSI, Healthcare), By Model, By Technology, And Segment Forecasts, 2023 – 2030. https://www.grandviewresearch.com/industry-analysis/generative-ai-market-report

Rincon, L. (2023). Virtually try on clothes with a new AI shopping feature https://blog.google/products/shopping/ai-virtual-try-on-google-shopping/

생성형 인공지능 시대, 맞춤형 TV광고의 진화*

박종구

1. '생성형' 인공지능(Gen AI)과 광고

1) 생성형 인공지능 시대의 개막

'빅데이터가 4차 산업혁명 시대의 원유라면, 인공지능은 새로운 시대의 전기(electricity)'가 되었다. 챗GPT라는 생성형 인공지능이 우리 일상의 전면(front-end)에 등장하면서 인공지능은 '유행어'를 넘어 다양한 분야에서 새로운 솔루션으로 자리매김하고 있다(Statista, 2023. 7.).

오픈AI (OpenAI)가 2022년 11월에 공개한 '챗GPT(ChatGPT)'가 놀라운 성능을 보이며, 생성형 인공지능 시대가 열렸다. 패턴 인식과 예측을 목적으로 설계된 기존 AI 시스템과 달리, 생성형 인공지능은 딥러닝 알고리즘 GAN(Generative Adversarial Networks)을 사용하여 '텍스트, 이미지, 오디오' 등의 형태로 새로운 콘텐츠를 만들어낸다(Visual

---

* 이 장은 박종구 (2023). 『Addressable TV 광고효과 측정방법론 연구』를 바탕으로 작성되었습니다.

그림 1. 생성형 인공지능 활용 영역

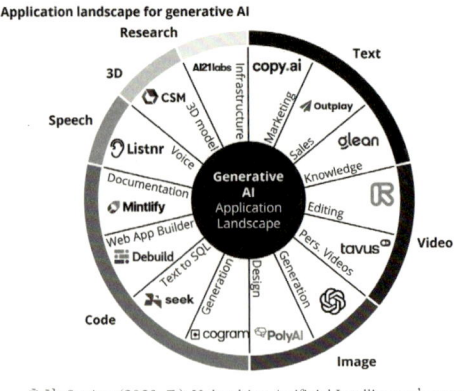

출처: Statista (2023. 7.). Unleashing Artificial Intelligence's true potential.

Capitalist, 2023. 1. 1.).

텍스트의 경우, 생성형 인공지능은 번역뿐만 아니라, 뉴스 기사, 시, 심지어 대본을 작성하는 데 사용될 수 있다. 생성형 인공지능은 사람 얼굴을 기반으로 초상화를 그리거나 기존 풍경을 이용하여 새로운 풍경을 생성하는 등 기존 이미지를 기반으로 새로운 이미지를 생성해 준다. 또한 오디오의 경우, 생성형 인공지능은 새로운 음악 트랙, 음향 효과, 음성 연기까지 만들어 낼 수 있다(Cognizant, 2023. 1. 30.).

'인공 창의성(Artificial Creativity)'이란 인간 수준의 창의성을 발휘할 수 있는 프로그램을 설계하는 것을 목표로 하는 연구 분야로 기계와 인간, 생산성과 창의성 사이의 새로운 영역이다. 언어·음악·시각 등 다양한 분야의 인공 창의성 저작도구의 등장은 광고를 포함해 창의성을 요구하는 직업을 가진 사람들에게 '인공 창의성을 어떻게 활용할 것인가?'라는 과제를 던져주고 있다(NessLabs, 2022).

2) 인공지능 시대의 광고: 'AI 광고'

자신의 필요에 부합하는 광고 메시지를 요구하는 소비자를 이해하고 고객 전환율을 높이기 위해서는 인지도 제고, 설득, 전환 등 소비자 구매 여정의 모든 단계에서 '소비자를 제대로 이해하고 타깃 소비자에게 정확한 시점에 적합한 방법으로 광고메시지를 전달'하는 것이 필요하다(박종구, 2023a).

소비자 구매결정과정(customer journey)은 필요/욕구 인지를 시작으로 초기 고려, 적극적인 평가, 구매 및 구매 후 행동의 과정을 거친다(Court, Elzinga, Mulder, & Vetvik, 2009). 이 과정에서 인공지능은 사람이 하는 분석과는 비교할 수 없을 정도로 탁월하다. 광고산업에서 인공지능의 활용 영역은 소비자 인사이트 발굴, 고객 세분화, 맞춤화된 서비스를 제공하기 위한 예측모델링과 프로세스 자동화에 이르기까지 빠르게 확장되고 있으며, 광고의 지능화를 이끌 수 있는 수단으로 주목받고 있다(Salesforce, 2021; Taylor & Carlson, 2021). 인공지능은 효과적이고 효율적인 통합마케팅커뮤니케이션(IMC)을 수행하기 위해 소비자 여정의 모든 단계에서 이미 활용되고 있다(Kietzmann, et al., 2018).

광고계는 소비자에 대한 인사이트 발굴, 광고 제작, 미디어 플래닝, 광고영향 평가 등에서 인공지능을 활용하는 방안을 모색해왔다. 광

표 1. 소비자 구매여정에 따른 AI광고 사례

단계	필요/욕구 발견	초기 고려	적극적 평가	구매결정	구매후 행동
소비자 행동	필요/욕구 인지	가능한 솔루션 검토	선택 대안 비교	가치 평가	구매결정 평가
광고 목표	소비자 필요/욕구 탐지	목표 소비자 도달	신뢰 획득과 소비자 설득	제공가치 강화 및 보증	재구매 유도
전통적 광고활동	고객정의 니즈/욕구 이해	가치명제 제시	정보접근 촉진	혜택 입증, 구매 인센티브 제공	고객관계관리, 브랜드 충성도 제고
AI광고 활용방안 및 사례	심층적인 소비자 이해	AI 기반 광고 타깃팅, 잠재 고객 예측	구매가능성 점수화 광고메시지 개인화 감성인공지능	구매 지능화 동적 가격책정 광고 리타깃팅	소비자지원 챗봇 성향 모델링 1:1 CRM
	Pinterest Asko	Zendesk	Asos Kellogg's	Staples Amazon Tumi	Autodesk Wordsmith

출처: Kietzmann, Paschen, & Treen (2018, p. 265); 박종구 (2023b)에서 재인용.

고학 분야의 대표적인 국제학술지인 〈광고저널(Journal of Advertising)〉은 2019년 9월 '인공지능과 광고(Artificial Intelligence and Advertising)'라는 주제로 특집호를 마련하고, '인공지능이 광고에 미치는 영향', '창의적인 미디어 플래닝을 위한 인공지능 활용방안', '개인화 광고 콘텐츠 제작을 위한 인공지능 활용방안' 등을 다룬 기획논문을 출간했다.

인공지능을 활용한 광고에 대한 개념화도 이루어지고 있다. "소비자와 데이터 중심의 알고리즘 매개 브랜드 커뮤니케이션"으로 정의된 '지능형 광고(intelligent advertising)'(Li, 2019, p. 333) 개념이 제안된 이후, 학계 논의는 지속되고 있다. 이 과정에서 "소비자 설득을 목적으로 인간과 기계로부터 제공되는 데이터를 학습하는 다양한 인공지능 기능을 사용하는 브랜드 커뮤니케이션"으로 정의되는 '인공지능 광고(AI advertising)' 개념이 제시되었다(Rodgers, 2021, p. 2).

2. 인공지능 시대, TV광고의 진화

1) 맞춤형 TV 광고

소비자의 관심이 희소한 자원이 되어버린 주목의 경제(attention economy) 시대다. 소비자는 자신과 관련 없는 광고에는 눈길을 주지 않는다. 자신과 관련 없는 광고는 '쓰레기(spam)'지만, 나와 관련성 있는 광고는 '정보'가 된다.

빅데이터를 활용하는 인공지능이 주도하는 광고시장으로의 변화는 소비자의 주목과 광고주의 광고비를 놓고 경쟁해야 하는 전통적인 TV 산업에게 커다란 도전이 되고 있다. 그리고 이 과정에서 TV광고도 공진화하고 있다. 국내외 방송사업자들은 대규모 잠재고객에게 접근할 수 있는 TV광고의 장점과 타깃팅을 가능하게 해주는 디지털의 장점을 결합한 '맞춤형' TV광고에 주목하고 있다.

맞춤형 TV광고는 디지털 기반 미디어 서비스 확산으로 인한 소비자 기대와 이용행태 변화와도 흐름을 같이 한다. 인공지능 시대 소비자는 자신의 취향과 욕구에 맞춤화된 콘텐츠를 제공하는 미디어 플랫폼을 선호한다. 그리고 소비자의 주목을 쫓아야만 하는 광고주 또한 변화된 미디어 이용환경에 적응하기 위해 타깃 마케팅을 강화하고 있다. TV광고는 광고 산업에서 여전히 중요한 역할을 차지하고 있지만, 미디어 이용행태 변화에서 자유롭지 못하다. 시청자가 필요로 하는 광고를 제공하고자 하는 것이 방송사업자들이 맞춤형 TV광고에 주목하는 이유이다(박종구, 2022).

2) TV 생태계의 진화: 진화형 TV광고의 부상

'융합형(Convergent)' TV란 실시간 '선형(Linear)' 서비스와 '진화형(Advanced)' TV 서비스를 결합한 TV 생태계를 말한다(LUMA Partners, 2022). 진화형 TV 서비스 유형으로는 'Connected TV(이하 CTV)'와 'Addressable TV'(이하 ATV)' 등이 있다(IAB, 2018).

CTV와 ATV 같은 진화형 TV의 경우 타깃팅과 광고효과 측정이 가능하다. 시청자 입장에서 실시간 TV 서비스와 주문형 TV 서비스의 경계가 흐려지고 있다. 시청자의 다양한 TV 시청행태에 맞추어 실시간과 비실시간 TV광고를 결합해 타깃 고객의 순증 도달률을 제고하는 융합형 TV광고 전략의 중요성이 커지고 있다.

그림 2. TV광고의 진화: '진화형(Advanced) TV'

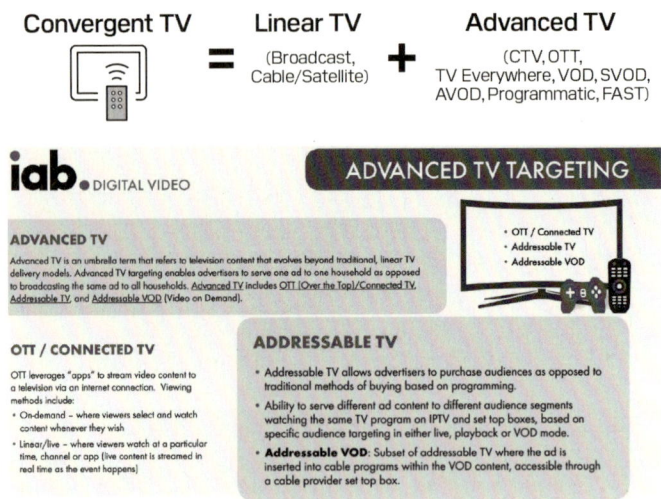

출처: Goodway Group (2023). Follow Your Audience; Interactive Advertising Bureau (2018). Advanced TV Targeting.

그림 3. 융합형 TV광고 환경에서의 미디어 플래닝: 타깃팅과 순증 도달률

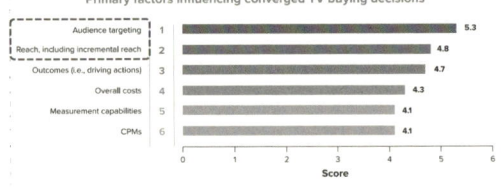

출처: SIMPLI.FI (2023). Media buying solutions; Innovid (2023). Converged TV Measurement

3. 커넥티드(Connected) TV광고

1) CTV광고 개념

"인터넷에 연결된 TV"로 정의되는 CTV는 OTT 콘텐츠가 유통되는 창구이다. CTV는 전 세계적으로 소비자들이 선호하는 스트리밍 서비스 중 하나로 전 세계적으로도 빠르게 확산되고 있다. CTV는 현재 미국에서 가장 빠르게 성장하는 광고시장으로 주목받고 있다.

그림 4. CTV 개념

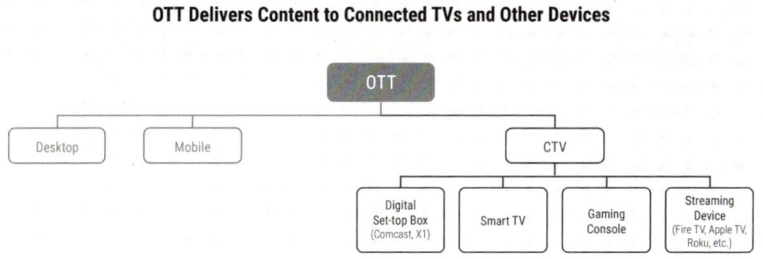

출처: Double Verify (2023). The Ultimate Guide to CTV Measurement.

2) CTV광고의 성장

CTV광고는 성과 측정이 용이하고 다양한 이점을 제공한다. 구체적으로 CTV광고는 시청자의 광고시청 여부를 파악할 수 있어, 광고에 노출되지 않은 시청자에게 효과적이고 효율적으로 접근할 수 있다. CTV '증분성(incrementality)'이란 CTV광고를 미디어 믹스에 추가함으로써 얻는 가치로, 다른 채널에서 도달하지 못하는 새로운 관객에게 브랜드 인지도와 구매 의도를 강화하는 데 도움 된다(tvScientific, 2023).

그림 5. CTV광고 사례: 삼성 TV 플러스

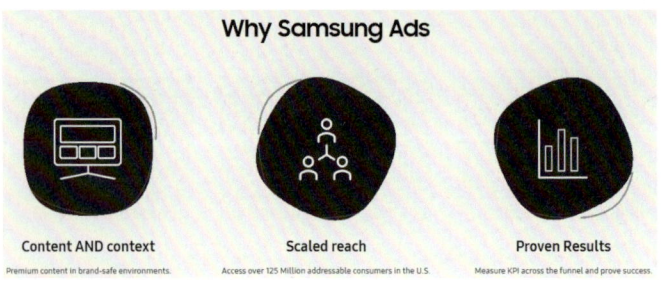

Reaching streamers with Samsung TV Plus

As nearly half of Samsung Smart TV audiences are hard to reach through traditional linear environments, **Samsung's free ad-supported streaming service helps brands engage with hard to reach streaming audiences.**

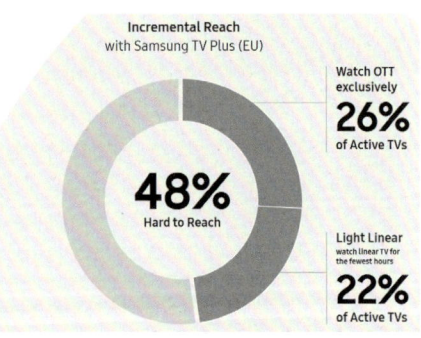

출처: Samsung Ads (2023). Is TV just TV?; 삼성전자 미주법인 Samsung Ads (www.samsung.com/us/business/samsungads/contact-us/

4. 어드레서블(Addressable) TV광고[1]

1) ATV광고 개념

전통적인 TV광고는 특정 프로그램을 시청할 것으로 예상되는 성별·연령 기준의 시청자 집단을 대상으로 하는 타깃 '추정' 광고다. 이처럼 전통적인 TV광고가 모든 시청자에게 동일한 광고를 전달했다면, ATV광고는 타깃 가구에만 맞춤화된 광고를 노출시킨다. 다시 말해, ATV광고란 셋탑박스 기반 방송서비스에서 제공되는 맞춤형 TV광고로, '동일한 프로그램을 시청하는 개별 시청가구에 서로 다른 광고를 노출시키는 맞춤화된 타깃 광고'로 정의된다.

그림 6. ATV광고 개념

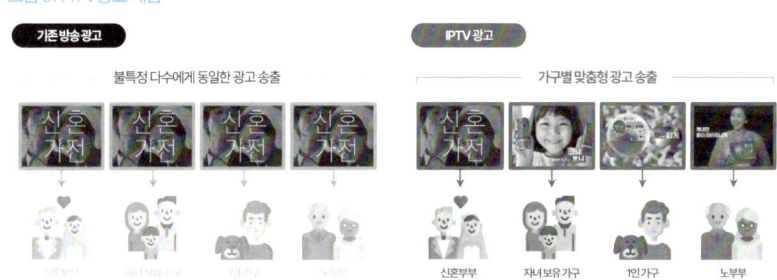

출처: 나스미디어 (2023). AD Service: 디지털방송광고.

ATV광고는 셋탑박스를 통해 수집된 전문편성, 홈쇼핑 채널과 같이 시청자의 취향과 관심품목 등을 파악할 수 있는 시청행태 데이터를 기반으로 시청자 집단을 세분해서 광고주에게 맞춤형 광고를 제안하고, 광고주는 자사의 목표 고객에 해당하는 시청자 세그먼트를 구매

---

1 박종구 (2022). "디지털 전환시대, 방송광고의 진화"; 박종구 (2023c). "맞춤형 광고, Addressable TV광고의 현황과 전망".

해 타깃 광고를 집행한다. 이른바 오디언스 바잉(Audience Buying)이다.

2) 해외 ATV 광고 현황

먼저 미국의 사례를 살펴보면, ATV광고 시장의 성장률은 높지만, ATV광고를 집행할 수 있는 광고 인벤토리(광고시간)의 공급은 부족한 상황이다. 현재 ATV광고를 집행할 수 있는 광고시간은 유료방송사업자(케이블TV/위성방송)가 광고판매권을 가지고 있는 시간당 2분 동안의 '스테이션 브레이크 광고'에 국한되어 있다. 다시 말해 대부분의 광고 인벤토리를 보유한 채널사업자(TV네트워크)의 광고에는 ATV광고가 적용되고 있지 않다.

경제상황, 광고시장 트렌드, 광고 매체 간 경쟁 등 다양한 요인들이 ATV광고 성장률에 영향을 주겠지만, ATV광고를 집행할 수 있는 광고 인벤토리의 확대는 ATV광고의 핵심 성공요인이다. 시간당 15분의 광고 인벤토리를 가지고 있는 TV 네트워크가 유료방송사업자와 협력해서 인기 프로그램의 광고시간에 ATV광고를 적용하는 경우, ATV광고의 성장 가능성은 커질 것이다.

현재 미국에서는 ATV광고 기술협의체인 '프로젝트 OAR'이 운영되고 있다. 2018년에 결성된 이 협의체는 개인정보보호를 준수하는 소비자 지향적인 ATV광고 생태계를 조성하고, ATV광고의 판매·타깃팅·광고효과 등 다양한 영역에서 광고 인벤토리를 최적화하고 정밀한 맞춤형 광고를 제공하기 위한 기술표준을 개발하고 있다. 현재 폭스 코퍼레이션(Fox Corporation), 비아컴CBS(ViacomCBS), 디즈니미디어네트워크(Disney Media Networks), 워너미디어(WarnerMedia) 등이 협의체에 참여하고 있으며, ATV광고를 전국 TV네트워크 프로그램에 적

그림 7. 미국 ATV광고 표준화 기술협의체 OAR

출처: 박종구 (2022). "디지털 전환시대, 방송광고의 진화"

용하는 것을 목표로 기술시험을 진행하고 있다.

타깃팅이 가능한 ATV광고는 더 높은 광고단가 책정을 통해 더 많은 광고수입을 얻을 기회를 방송사업자에게 제공한다. 한편 광고주는 타깃 시청자 집단에게만 광고를 노출시킬 수 있기 때문에 비용 대비 수익(ROAS, Return on Ad Spend)을 높일 수 있다.

3) 국내 ATV 광고 현황

국내에서도 타깃팅이 가능한 실시간 ATV광고가 집행되고 있다. 구체적으로 SK브로드밴드(BTV)가 2016년 2월 '스마트 빅 애드(Smart Big Ad)'라는 광고상품을 출시했고, 2017년에는 KT(Olleh TV)의 '라이브 애드(Live Ad)'와 LG유플러스(U+TV)의 '아트 애드(Art Ad)'가 소개되면서 초기시장이 형성되었다.

해외사례에서 살펴본 것처럼 ATV광고가 확산되기 위해서는 ATV 광고 인벤토리 확대, 광고효과 측정 및 검증, 소비자의 프라이버시에 대한 우려 해소 등 해결해야 과제가 적지 않다. 이러한 과제는 한국에서 ATV광고가 성장하기 위해 해결해야 하는 이슈이기도 하다.

그림 8. IPTV 실시간 광고 상품

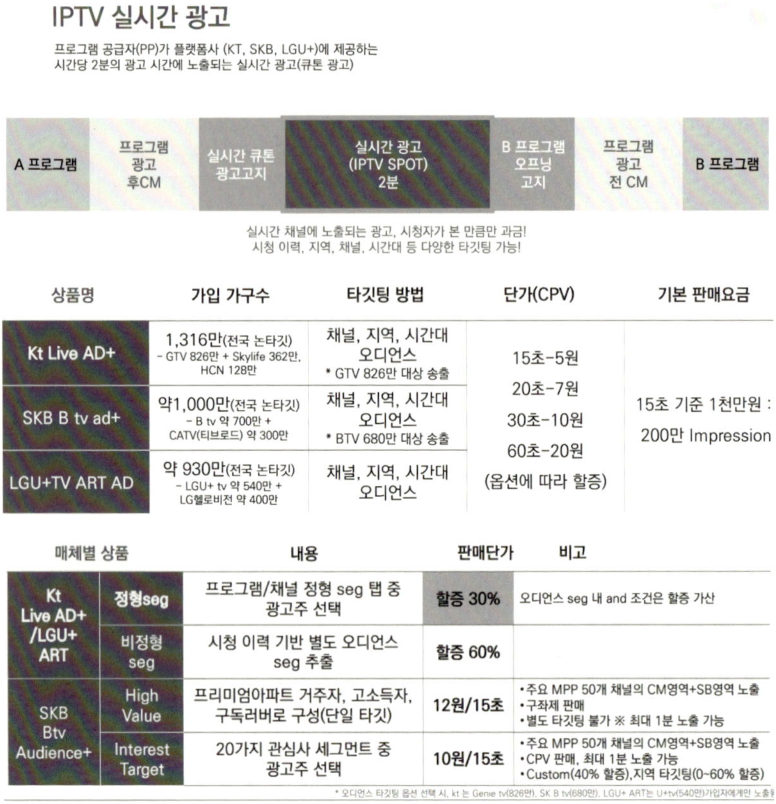

IPTV 실시간 광고

프로그램 공급자(PP)가 플랫폼사 (KT, SKB, LGU+)에 제공하는
시간당 2분의 광고 시간에 노출되는 실시간 광고(큐톤 광고)

| A 프로그램 | 프로그램 광고 후CM | 실시간 큐톤 광고고지 | 실시간 광고 (IPTV SPOT) 2분 | B 프로그램 오프닝 고지 | 프로그램 광고 전 CM | B 프로그램 |

실시간 채널에 노출되는 광고, 시청자가 본 만큼만 과금!
시청 이력, 지역, 채널, 시간대 등 다양한 타깃팅 가능!

상품명	가입 가구수	타깃팅 방법	단가(CPV)	기본 판매요금
Kt Live AD+	1,316만(전국 논타깃) - GTV 826만 + Skylife 362만, HCN 128만	채널, 지역, 시간대 오디언스 * GTV 826만 대상 송출	15초-5원	15초 기준 1천만원 : 200만 Impression
SKB B tv ad+	약 1,000만(전국 논타깃) - B tv 약 700만 + CATV(티브로드) 약 300만	채널, 지역, 시간대 오디언스 * BTV 680만 대상 송출	20초-7원 30초-10원 60초-20원 (옵션에 따라 할증)	
LGU+TV ART AD	약 930만(전국 논타깃) - LGU+ tv 약 540만 + LG헬로비전 약 400만	채널, 지역, 시간대 오디언스		

매체별 상품		내용	판매단가	비고
Kt Live AD+ /LGU+ ART	정형 seg	프로그램/채널 정형 seg 탭 중 광고주 선택	할증 30%	오디언스 seg 내 and 조건은 할증 가산
	비정형 seg	시청 이력 기반 별도 오디언스 seg 추출	할증 60%	
SKB Btv Audience+	High Value	프리미엄아파트 거주자, 고소득자, 구독러버로 구성(단일 타깃)	12원/15초	• 주요 MPP 50개 채널의 CM영역+SB영역 노출 • 구좌제 판매 • 별도 타깃팅 불가 ※ 최대 1분 노출 가능
	Interest Target	20가지 관심사 세그먼트 중 광고주 선택	10원/15초	• 주요 MPP 50개 채널의 CM영역+SB영역 노출 • CPV 판매, 최대 1분 노출 가능 • Custom(40% 할증),지역 타깃팅(0~60% 할증)

* 오디언스 타깃팅 옵션 선택 시, kt는 Genie tv(826만), SK B tv(680만), LGU+ ART는 U+tv(540만)가입자에게만 노출됨

출처: 한국방송광고진흥공사 (2023). 〈2023년 3Q IPTV 실시간 광고 상품 안내〉

가장 중요한 과제는 제한된 광고 인벤토리를 확대하는 것이다. 그동안 실시간 ATV광고 인벤토리는 유료방송 채널사용사업자(PP)가 플랫폼인 IPTV사에 제공하는 시간당 2분 동안의 큐톤광고 시간에 불과했다. 그러나 2021년 광고 인벤토리를 확대하기 위해 영향력 있는 지상파방송사의 프로그램 광고에도 ATV광고를 적용하는 방안이 논의

되었고, 2021년 하반기에 MBC가 ATV광고 도입을 결정했다. 이로써 한국의 ATV광고 시장은 IPTV 플랫폼의 광고재원을 판매했던 ATV광고 1.0시대에서 지상파방송사의 광고 인벤토리에 ATV광고가 적용되는 ATV광고 2.0시대로 진입했다.

5. 맞춤형 TV광고의 미래

'데이터 기반 타깃팅', '인공지능'이라는 키워드로 대변되는 미디어·광고산업의 디지털 전환이 가속화되고 있다. '매스 타깃팅'이라는 TV광고의 차별적인 기능은 여전히 유효하지만, '맞춤형 광고'로의 전환 추세는 속도의 문제일 뿐, 방향의 문제는 아닌 듯하다. 광고시장의 어떤 이해관계자도 피해 보지 않는 방식으로 맞춤형 광고를 제공하는 방법과 제도가 필요할 뿐, 광고가 쓰레기(Spam)가 아닌 자신의 문제를 해결해 주는 정보(Information)가 될 수 있도록 해주는 '맞춤형 광고'는 광고 진화의 지향점이다.

그리고 이러한 변화 속에서 TV광고도 공진화하고 있다. 거스를 수 없는 광고시장의 변화에 적응하기 위해 국내외 방송사업자들은 대규모 잠재고객에게 접근할 수 있는 TV광고의 장점과 타깃팅을 가능하게 해주는 디지털의 장점을 결합한 맞춤형 TV광고에 주목하고 성공을 위한 실험을 계속하고 있다. 맞춤형 TV광고의 성장속도는 1) 타깃팅 정확도, 2) 오디언스 인벤토리 규모, 3) 순증 도달률 달성 역량, 4) 신뢰할 수 있는 광고효과 측정에 의해 결정될 것이다. 다시 말해, 인공지능 시대 맞춤형 TV광고의 핵심 성공요인은 시청자가 필요로 하는 관련성 높은 광고를 - Targeting, 적절한 규모의 구매 가능성이 높은 고객에게 - Inventory, 목표로 삼은 순증 도달률을 기록하며 - Reach Incrementality, 광고성과를 광고주에게 객관적으로 보여주는데 - Measurement, 달려있다.

참고문헌

나스미디어 (2023). AD Service: 디지털방송광고.
박종구 (2022). "디지털 전환시대, 방송광고의 진화". 〈미디어 이슈 & 트렌드〉, 52호, 86-99. https://www.kca.kr/Media_Issue_Trend/vol52/sub04_01.html
박종구 (2023a). 〈생성형 인공지능과 광고〉 (KOBACO 광고미디어 트렌드리포트). 한국방송광고진흥공사.
박종구 (2023b). "인공지능을 활용한 광고기획 실무" (379-404). 김병희 외. 〈디지털 시대의 광고기획 신론〉. 학지사.
박종구 (2023c). "맞춤형 광고, Addressable TV광고의 현황과 전망". 〈KIBA 미디어 포럼: TV광고의 디지털트랜스포메이션〉 발표문.
박종구 (2023d). 〈Addressable TV 광고효과 측정방법론 연구〉 (KOBACO 연구보고서). 한국방송광고진흥공사.
한국방송광고진흥공사 (2023). 〈2023년 3Q IPTV 실시간 광고 상품 안내〉.
Cognizant (2023. 1. 30.). ChatGPT and the generative AI revolution. www.cognizant.com/us/en/insights/perspectives/chatgpt-and-the-generative-ai-revolution-wf1532750
Court, D., Elzinga, D., Mulder, S., & Vetvik, O. J. (2009). "The consumer decision journey." McKinsey Quarterly, 3(3), pp. 96-107. www.mckinsey.com/business-functions/marketing-and-sales/our-insights/the-consumer-decision-journey.
Double Verify (2023). The Ultimate Guide to CTV Measurement. https://doubleverify.com/wp-content/uploads/2023/08/DV_TheUltimateGuidetoCTVMeasurement_2023.pdf
Goodway Group (2023). Follow Your Audience: The Ultimate Guide to Convergent TV Advertising. https://www.goodwaygroup.com/blog/convergent-tv-advertising
Innovid (2023). Converged TV Measurement. https://info.innovid.com/hubfs/The-Hitchhikers-Guide-to-Converged-TV-Measurement.pdf?hsLang=en-us
Interactive Advertising Bureau (2018). Advanced TV Targeting. https://www.iab.com/wp-content/uploads/2018/11/IAB_Advanced_TV_

Targeting_2018-11.pdf

Kietzmann, J., Paschen, J., & Treen, E. (2018). "Artificial intelligence in advertising: How marketers can leverage artificial intelligence along the consumer journey." Journal of Advertising Research, 58(3), pp. 263-267.

Li, H. (2019). "Special section introduction: Artificial intelligence and advertising." Journal of advertising, 48(4), pp. 333-337.

NessLabs (2022). AI and I: The Age of Artificial Creativity. https://nesslabs.com/artificial-creativity

LUMA Partners (2022). Convergent TV LUMAscape. https://lumapartners.com/lumascapes/

Rodgers, S. (2021). "Themed issue introduction: Promises and perils of artificial intelligence and advertising." Journal of Advertising, 50(1), 1-10.

Salesforce (2021). 5 ways Artificial Intelligence is changing advertising sales. www.salesforce.com/blog/artificial-intelligence-advertising-sales/

Samsung Ads (2023). Is TV just TV? Understanding the divide between linear and streaming, and how people decide what content to watch.

SIMPLI.FI (2023). Media buying solutions: Scaled & Unparalleded digital performance. https://simpli.fi/our-solutions/media-buying-solutions

Statista(2023. 7.). Unleashing Artificial Intelligence's true potential: How generative AI could empower innovation, redefine productivity, and transform the workforce.

Taylor, C. R., & Carlson, L. (2021). "The future of advertising research: New directions and research needs." Journal of Marketing Theory and Practice, 29(1), 51-62.

tvScientific (2023). The CTV Advertising Playbook: A Marketer's Guide to Building, Launching&Measuring CTV Campaigns. https://8975772.fs1.hubspotusercontent-na1.net/hubfs/8975772/Gated/CTV_Advertising_Playbook.pdf

Visual Capitalist (2023.1.1.). "Generative AI explained by AI." www.visualcapitalist.com/generative-ai-explained-by-ai

AI Data 기반의 소셜미디어 마케팅 전략 수립

최모세

　디지털 광고 시장은 약 15조 원 규모로 국내 광고 시장의 절반을 넘어서며 시장을 주도하고 있다. 그 중심에는 유튜브(Youtube)와 인스타그램(Instagram)으로 대표되는 소셜미디어(Social Media)가 있다.

　소셜미디어의 주 사용자층은 마케팅을 주도하는 MZ세대(밀레니얼+Z세대)이다. 밀레니얼 세대와 Z세대를 아우르는 이 세대는 '나는 찍는다. 고로 존재한다'는 말이 있을 정도로 삶의 매 순간을 공유하며 자신을 표현하는데, 소셜미디어는 이를 위한 도구로 적극 활용되고 있다. 이에 따라 기업들도 소셜미디어에 브랜드 공식 계정을 구축하고, 브랜디드 콘텐츠로 이들 세대와 소통하고 확산을 일으켜, 브랜드의 존재감을 만들기 위해 적극 노력하고 있다.

　그런 점에서 최근 등장한 AI 기술은 기업의 소셜미디어 마케팅 전략에 큰 변화를 일으킬 것으로 예상된다. 소셜미디어 AI Data에 기초하여 더욱 적확한 전략 수립(Data Driven Planning)이 가능해질 것이며, 물질과 자원의 현실적 한계와 인간의 상상력을 뛰어넘는, 생각지 못한 콘텐츠 제작도 가능할 것으로 보인다. 이런 변화는 매우 빠르게 다가

오고 있으며, 다양한 디지털 광고 분야에서 AI를 활용한 사례가 속속 등장하고 있다.

본 챕터에서는 현업에서 활용되고 있는 소셜미디어 마케팅 전략 핵심 요소들과 프로세스를 정리하고, 그 과정에서 활용될 수 있는 AI Data와 플랫폼 사례들을 검토해 본다. 이어서 현 시점에서 AI를 활용함에 있어 현업 관점의 한계를 살펴본다. 이를 통해 이 책의 독자들은 AI를 활용한 효과적인 소셜미디어 마케팅 전략 수립의 아이디어를 얻을 수 있을 것이다.

1. 소셜미디어 마케팅 전략 수립

소셜미디어 마케팅은 유튜브, 인스타그램 등의 소셜미디어 플랫폼에서 콘텐츠를 활용하여 마케팅 대상이 되는 타겟과 직접 커뮤니케이션하는 것을 의미한다. 소셜미디어 마케팅(Social Media Marketing: 이하 SMM)전략은 트리플 미디어를 기반으로 수립하고 실행하는데, 간단히 살펴보면 이러하다. 먼저 브랜드 온드 미디어(Owned media)로서 소셜미디어 공식 계정을 구축한다. 그런 뒤 브랜드 메시지가 담긴 브랜디드 콘텐츠를 블로거, 커뮤니티, 유튜버 등 언드 미디어(Earned media)에 유포하여 참여와 자발적 확산(orgarnic viral)을 일으킨다. 마지막으로 콘텐츠 확산을 극대화하기 위해 소셜미디어 플랫폼에 광고비를 지급(Paid media)하고 인위적으로 콘텐츠를 노출하여 소비자 반응을 극대화한다.

소셜미디어에서 브랜드 공식 채널을 운영한다는 것은 매우 어려운 일이다. 브랜드 계정에 콘텐츠가 노출되는 순간 이미 통제 불가능하게 되어 리스크가 상존한다. 소셜미디어는 개인과 개인의 관계를 중심으로 하는 플랫폼이기 때문에 근본적으로 광고 콘텐츠에 대한 거부감이 늘 존재하며 치열한 콘텐츠 경쟁에서 살아남기 위한 콘텐츠 쇼크(Contents shock)를 극복해야 하다. 따라서, 체계적이며 효과적인 SMM 전략이 필수이다. SMM 전략 수립 과정은 〈그림 1〉과 같다.

그림 1. 소셜미디어 마케팅 전략 수립 과정

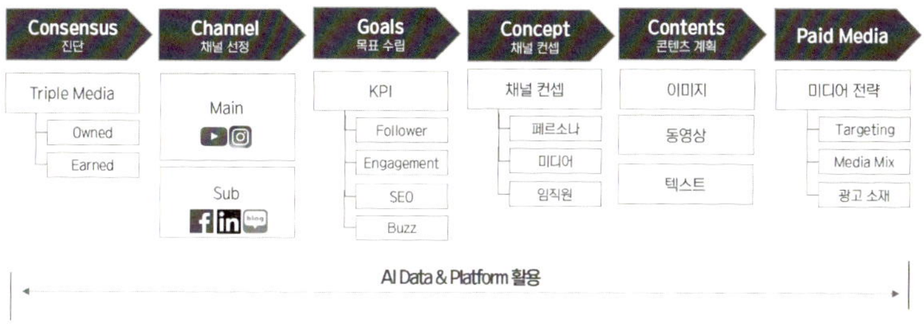

Consensus 진단	Channel 채널 선정	Goals 목표 수립	Concept 채널 컨셉	Contents 콘텐츠 계획	Paid Media 미디어 전략
Triple Media	Main	KPI	채널 컨셉	이미지	미디어 전략
Owned	YouTube/Instagram	Follower	페르소나	동영상	Targeting
Earned	Sub	Engagement	미디어	텍스트	Media Mix
	Facebook/LinkedIn/Blog	SEO	임직원		광고 소재
		Buzz			

AI Data & Platform 활용

1) 전략 수립을 위한 사전 질문하기

SMM 전략 수립을 위해서는 먼저 핵심 요소가 담긴 큰 그림 질문(Big picture question)에 답을 해두는 것이 필요하다. 이 답은 전략의 일관성을 유지할 수 있도록 도와줄 것이다. 질문은 다음과 같다.

〈큰 그림 질문〉
- IMC 전략에서 소셜미디어로 달성하고자 하는 목적은 무엇인가?
- 경쟁사와 지향 브랜드들은 어떤 소셜미디어 활동을 하고 있는가?
- 검색과 커뮤니티 등에서 노출되는 브랜드 콘텐츠는 어떠한가?

- 소셜미디어상에서 소비자들이 자발적으로 인기를 끄는 콘텐츠(ex: 밈 meme)는 무엇인가? 우리 브랜드에 적용할 수 있는가?
- 당사와 경쟁 브랜드에 대한 인플루언서들의 평가는 어떠한가?
- 우리 타겟들에게 가장 적합한 소셜미디어는 무엇인가?
- IMC 콘텐츠는 소셜미디어에 활용될 수 있는가?
- 어떤 콘텐츠 전략이 필요한가? (메시지, 유형, 비중 등)
- 유용할 수 있는 소셜미디어 광고비(Paid media)는 얼마인가?
- 우리가 고려하는(할) 소셜미디어는 성숙 단계인가, 쇠퇴 단계인가? 새롭게 인기를 끄는 소셜미디어는 없는가?

2) 진단하기

진단 단계는 SMM 전략의 근간이 되는 단계로, 소셜미디어 상의 온드 미디어 성과와 언드 미디어 현황을 분석한다. 이때 빅데이터 기반의 AI 플랫폼을 통해 활용할 수 있는데, 분석하는 세부 지표에 따라 활용할 수 있는 플랫폼을 〈표 1〉로 정리했으니 활용하도록 하자. 진단에 활용하는 지표는 크게 세 가지이다.

가장 먼저 고려하는 진단 지표는 브랜드 소셜미디어 계정의 구독자 수(Follower)이다. 구독자 수는 소비자가 정기적으로 콘텐츠를 소비하겠다는 행위의 결과로, 해당 채널 영향력을 의미한다. 현재 가장 인기 있는 소셜미디어 브랜드인 CU의 총구독자 수는 약 148만(유튜브 83만, 인스타그램 65만)으로, 이는 CU가 소셜미디어에 콘텐츠 1개를 오픈하면 148만 명에게 유기적 도달(organic reach)이 발생한다는 뜻이다.

두 번째 지표는 채널 활성화를 의미하는 인게이지먼트(Engagement)이다. 인게이지먼트는 학자마다 '몰입', '관여', '참여' 등 다양하게 정의하고 있으나, 현업에서는 브랜드 소셜미디어 콘텐츠에 대해 '좋아요', '댓글', '공유' 등 총체적인 행동 반응으로 본다. 인게이지먼트는 아래 〈그림 2〉처럼 3가지 지표를 측정한다. 주로 채널 ER(Engagement Rate)을 브랜드간 비교하고, 보조적으로 콘텐츠 효율성을 의미하는 EPC(Engagement per Content produced)를 활용한다.

그림 2. 온드미디어 진단에 활용되는 분석 지표

- 인게이지먼트 총량 : 해당 브랜드 소셜미디어 계정에서 발생하는 좋아요, 댓글, 공유 수의 총합
- 채널 ER (Engagement Rate) : 전체 인게이지먼트 총량 / 구독자수
- EPC (Engagement per content produced : 전체 인게이지먼트 총량 / 생산 콘텐츠수

세번째는 언드 미디어를 분석한다. 언드 미디어는 브랜딩 IMC 활동들의 결과로 브랜드 평판이 형성되는 곳이다. 이곳에서 발생하는 소비자의 콘텐츠는 정형화되어 있지 않다. 그러므로 소비자가 남긴 텍스트 콘텐츠 안에서 단어들을 분해하고 단어의 빈도와 관계성을 파악하는 텍스트 마이닝(Text Mining)을 통해 분석한다. 따라서, 소셜 빅데이터 플랫폼에서 분석할 브랜드 키워드를 설정해 자동으로 데이터를 수집하도록 한다. 이를 활용해 분석하려는 브랜드의 버즈량, 긍·부정 비율, 연관어 등 전반적인 브랜드 평판 정보와 함께 경쟁사의 현황을 비교 분석한다.

모든 진단 단계가 끝나면 주요 지표를 중심으로 브랜드 간 현황을 〈그림 3〉과 같이 비교하여 개선점과 향후 전략의 방향을 도출한다.

표 1. 진단 주요 지표 및 AI 플랫폼

구분	지표	AI 플랫폼
온드 미디어	영향력 : 팔로워 팔로워 증감 추이 인게이지먼트 누적 인게이지먼트량 채널 ER / EPC	빅풋 (bigfoot9) 빅셜 (bigcial) 녹스인플루언서 (NoxInfludencer) 후트슈트 (hootsuite)
언드 미디어	〈정량〉 버즈량(언급량) 긍부정 / 연관어 / 채널 등 〈정성〉 소비자 긍부정 / 의견 언론 보도 / 수상 인플루언서 언급/평가	썸트렌드 (some) RSN 루씨2 (lucy2.realsn) 신세시오 (sm2marketing)

그림 3. 소셜미디어 진단 결과 분석

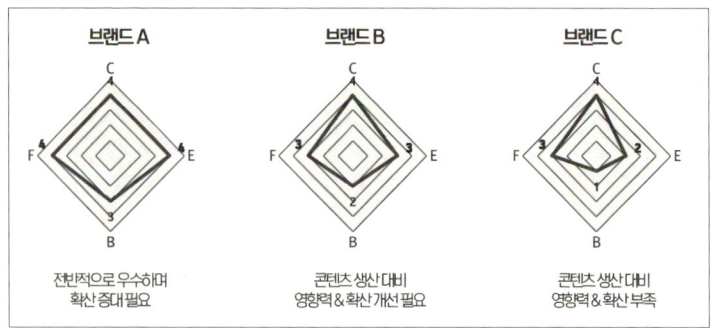

3) 채널 선택과 전략

진단이 끝나면 소셜미디어 중 어떤 채널을 운영하고 공략할지 선정하는 단계로 넘어간다. 채널을 선정할 때 가장 중요한 기준은 사용자 수(MAU : Monthly Active User)이다. 우리가 공략하려는 타겟이 주로 사용하는 소셜미디어와 채널별 역할을 명확하게 정의하고, 선택과 집중을 해야 한다. 〈표 2〉에서 소셜미디어별 사용자 특성과 채널 전략을 확인할 수 있다.

표 2. 소셜미디어 사용자 특성과 채널 전략

비중	채널	사용자 특성	채널 전략
메인	인스타그램	1,800만 10~30대	- 비주얼 콘텐츠 소구 - 해시태그 검색 최적화 - 팔로워 팬덤 구축
메인	유튜브	4,100만 전 연령대	- 브랜드 동영상 미디어 - 유튜브 검색 최적화 - 팔로워 팬덤 구축
보조	페이스북	1160만 40~60대	- 콘텐츠 아카이브 - 정보 전달 중심
보조	트위터	432만 10~20대	- 실시간 콘텐츠 유통 - 아이돌 등 팬덤 위주
보조	블로그	250만 20대/50~60대	- 콘텐츠 아카이브 - 포털 검색 노출
보조	틱톡	407만 10대	- 숏폼 / 글로벌 - 참여(챌린지)형 캠페인

4) 목표 수립

진단 결과와 채널을 선정했다면, 이를 기준으로 소셜미디어 마케팅 목표를 수립하도록 하자.

표 3. SMM 목표 선정 기준

구분	지표
성장률	정량적 지표들의 성장(%) - 예1) 전년 대비 팔로워수를 20% 증대 - 예2) 소셜미디어상 브랜드 언급량을 10% 증대
경쟁 상황	소셜미디어 정량적 위치에 기반 (시장 카테고리와 다름) - 리더쉽 유지 : 정량 지표(팔로워수)상 1위 위치를 유지 - 챌린지 : 1위 기업과 동일한 수준 or Gap을 줄여나가는 것
고객 획득비 (CPA 기준)	- 팔로워 &반응을 위한 획득 비용을 광고비 기준으로 추산 - 예) 신규 팔로워 1만 유치 (1명 획득비용 1만원 기준)
의지치	- 의사결정자 및 담당자의 의지치로 수립된 목표

현업 경험으로 봤을 때 목표는 〈표 3〉처럼 크게 네 가지 접근 방법으로 세울 수 있다. 더불어 목표는 이를 달성하기 위한 모든 전략 단계와 예산에 직접 영향을 받기 때문에, 상황과 자원도 함께 고려하여 종합적으로 수립하도록 한다.

5) 채널 컨셉 도출

다음은 브랜드의 소셜미디어 채널 컨셉을 도출한다. 소셜미디어 채널 컨셉이란 해당 채널이 어떤 성격으로 소통할지를 의미한다. 진정성을 기반으로 임직원들이 직접 소통할 것인지, 브랜드 개성을 잘 전달할 수 있도록 의인화(Brand anthropomorphism)를 개발해 가상 캐릭터 페르소나(persona)로 소통할지, 혹은 브랜드 미디어로서 컨셉을 잡고 정보와 재미를 제공할지를 결정해야 한다〈표 4〉. 이 컨셉은 브랜드 소셜미디어의 콘텐츠 계획을 수립하는 데 중요한 지침이 된다.

표 4. 소셜미디어 채널 컨셉 유형

구분	직원 참여	가상 페르소나	브랜드 미디어
운영 형태	임직원 소통	의인화 캐릭터	매거진 / 영상 미디어
장점	진정성 연속성 확보	브랜드 관련성 높음 색다른 접근 가능	브랜드 스토리 전달 용이 제품 TPO 노출 유리
단점	임직원 리스크 가능성	차별화 어려움 캐릭터 호불호	높은 비용으로 지속성 한계
사례	- 충주시 유튜브	- 빙그레우스 - 넷마블 쿵야	- 이니스프리 인스타그램 - CU 유튜브

6) 콘텐츠 계획 수립

채널 컨셉 결정 후, 이와 연결된 콘텐츠 계획 수립 단계에서는 브랜드 소셜미디어 계정을 어떤 콘텐츠로 운영할지 계획한다. 소셜미디어 콘텐츠는 TV광고처럼 1회성이 아니라, 브랜드 스토리부터 TPO 등 모든 이슈를 지속해서 다룬다. 이에 채널 컨셉에 맞도록 브랜드 메시지를 유형화 한다.

인스타그램의 경우, 비주얼 이미지 중심인 채널의 특성에 맞도록 비주얼 이미지를 브랜드 메시지 강도에 따라 배치하자. 메시지 강도는 직접적 노출인 경성(Hard-sell) 콘텐츠, 간접적 노출인 연성(Soft-sell) 콘텐츠로 구분 한다〈표 5〉. 또한, 콘텐츠들을 설명하는 해시태그(Hashtag : #)도 동시에 고려한다.

표 5. 인스타그램 콘텐츠 유형과 목적

유형	콘텐츠 목적	메시지 강도
프로모션	제품구매/회원가입	Hard-sell
제품 리뷰	제품소개/TPO 제시	↑↓
브랜드 스토리	브랜드 컨셉과 네이밍	
정보 전달형	제품 관련 정보형	
일상 관계형	팬 소통 대화형	Soft-sell

유튜브에서는 브랜드 동영상 콘텐츠 제작 계획이 필요하다. 동영상은 이미지 보다 제작비가 많이 들고 시나리오부터 촬영, 편집 등 준비기간이 오래 걸리기 때문에 콘텐츠 계획 단계부터 철저한 준비가 필요하다. 구글이 브랜드 유튜브 채널에 제시하는 3H 콘텐츠 전략도 살펴봐야 한다. 3H 콘텐츠는 이슈를 만들기 위한 '히어로(Hero)', 제품 정보를 제공하고 검색에 영향을 주는 '헬프(Help)', 구독자 참여를 위한 '허브(Hub)'로 이를 기반으로 영상 콘텐츠 계획을 수립한다.

7) 소셜미디어 콘텐츠 제작에 활용되는 AI

최근에 주목 받은 생성 AI는 콘텐츠 제작에 새로운 접근을 제시하고 있다. 생성 AI란 입력된 데이터를 이용하여 사용자가 원하는 결과를 예상한 후 텍스트, 사운드, 비디오, 이미지 등 다양한 형태의 콘텐츠 결과물을 만들어 내는 AI 알고리즘이다. 이 기술을 활용한 대표적인 콘텐츠 제작 플랫폼과 사례는 〈표 6〉에서 확인할 수 있다.

생성 AI를 활용한 콘텐츠 제작의 장점을 꼽으라면 크게 두 가지가 있다. 우선 콘텐츠 크리에이티브 의외성이 가능하기 때문에 기존 콘텐츠 제작자의 경험과 감(感)에 기반한 크리에이티브의 한계를 넘을 수 있다. 즉, 생각지 못했던 콘텐츠 제작이 가능하게 된다. 또한, 비용과 제작 기간의 효율성을 매우 크게 개선할 수 있다. 또한, 수 일부터 수 주에 걸렸던 콘텐츠 제작 기간을 수 초부터 수 분까지 급격히 단축할 수 있다. 제작 비용 또한 매우 저렴해졌다. 최근 LG U+가 선보인 '유쓰(Uth) 청년요금제' 광고는 생성 AI인 '익시(ixi)'를 활용하였는데, 제작비를 1/4로 줄이고, 제작 기간을 1/3로 단축하였다고 밝혔다.

표 6. 생성 AI를 활용한 콘텐츠 제작 활용법과 사례

구분	활용법	사례
소셜미디어 페르소나 개발	– 이미지 Data를 딥러닝 AI로 학습, PC 그래픽으로 정교하게 합성 – 향후 챗GPT 기반 대화형 엔진을 통해 인간과 실시간으로 가상 인간 예정	롯데홈쇼핑 가상 인간 〈루씨〉
이미지 콘텐츠 제작	– 대표 플랫폼 : 미드저니, 카이버, 달리(DALL·E 2) 텍스트 데이터 입력시 이미지 구현	미드저니를 활용한 '나이키X마블' 이미지

| 동영상 콘텐츠 제작 | 유튜브 HERO 영상(이슈화) 딥러닝 기반의 동영상 제작과 편집 |  LG U+ AI '유쓰(Uth) 청년요금제' |

8) 소셜미디어 광고 미디어 전략

소셜미디어 광고 미디어 전략은 브랜드의 소셜미디어 콘텐츠를 플랫폼에 비용을 지불(Paid media)한 대가로 구독자와 그 외 타겟들에게 인위적으로 노출시키는 광고이다. 소셜미디어는 사용자 개개인의 정보와 활동이 빅데이터로서 플랫폼에 실시간 쌓이므로 다른 미디어에 비해 매우 세밀한 타겟팅이 가능하다. 인구통계, 지역, 성별 등은 물론 관심사, 광고주 사이트 방문 및 구매 경험을 고려한 리타겟팅(Re-targeting), 유사 그룹의 타겟팅까지 하이퍼 타겟팅(Hyper-Targeting : 개인 맞춤 광고)이 가능하다. 이 모든 것은 소셜 플랫폼에서 제공하는 AI 데이터를 기반으로 진행 된다.

그렇다면 지금 디지털 광고 미디어 시장에서 AI가 잘 활용되고 있을까? 아쉽게도 여전히 예산 최적화, 효과 예측 등 많은 부분들이 사람들 경험에 근거해서 운영 되고 있다. 그럼에도 최근에는 다양한 Media Player들이 디지털 광고 AI 플랫폼을 개발하고 있으며, 〈표 7〉처럼 디지털 광고 미디어에 결정적인 영향을 미치는 광고 소재 제작에 대한 AI 플랫폼이 런칭되고 있다.

표 7. 차이커뮤니케이션 AI 플랫폼 '차이 GPC'

- 네이버 클로바 스튜디오와 GPT-4 모델을 활용
- 성과가 우수한 광고 소재를 자동으로 추천 및 제작
- 이미지 생성, 광고카피 등 매체에 맞춘 리사이징 가능
- 저작권이 확보된 소스만 사용하여 저작권 이슈 방지
- 향후 숏폼, 동영상 등 '통합 광고 생성 A.I'로 확장할 계획

2. 요약 및 제안

지금까지 소셜미디어 마케팅 전략 수립과 AI 활용 사례를 살펴보았다. 언급된 핵심 내용을 기반으로 다양한 AI Data를 기반으로 SMM 전략을 수립한다면 담당자의 감(感)과 경험을 통해 수립되던 기존의 전략보다 더욱 고도화되고 정확한 전략 수립이 가능할 것이다. 그러나 AI는 아직 초기 상태이고, 현업에 적용하기에 여전히 어려운 점들이 있다.

첫째, 콘텐츠 저작권이다. 현재 가장 많이 나오고 있는 이슈인 AI를 통해 만들어진 결과물의 저작권이 아직 해결되지 않았다. 해결되지 않은 콘텐츠를 브랜드가 활용할 경우 통제할 수 없는 부정적 이슈가 생길 수 있다. 최근 CNN 같은 글로벌 뉴스부터 국내 인기 커뮤니티까지 생성 AI에서의 수집을 차단한다고 밝혔다. 또한 할리우드에서는 AI가 만든 스토리는 활용하지 않기로 결정했다. 이는 콘텐츠 원 제작자의 권리를 보호한다는 의미인데 향후에도 더욱 확대될 것이다.

둘째, 플랫폼들의 Data 폐쇄성이 강화되고 있다. 최근에 디지털 미디어의 최대 화두는 쿠키리스(Cookieless)이다. 쿠키는 웹사이트 등의 사용자의 행동 흔적으로, 마케팅에서 적극 이용되었다. 그러나 구글을 포함해 주요 브라우저들이 개인정보 이슈 때문에 더 이상 쿠키를 제공하지 않겠다고 선언했다. 그뿐만 아니라 타 디지털 플랫폼들도 폐쇄적인 Data 정책을 채택하면서 정확한 타겟 발굴을 위해 고객 행동 Data가 지속 필요한 디지털 광고 시장에는 위험 요인이 되고 있다.

셋째, 콘텐츠 크리에이티브의 독특성(uniqueness)과 적합성(fit)의 한계다. 즉, 생성 AI로 제작한 콘텐츠의 스토리와 이미지들이 과연 크리에이티브적인 새로움을 줄 수 있는가에 관한 것이다. 이는 생성 AI 자체가 기본적으로 기존 Data를 가지고 합성이나 변형이 이루어지기 때문에 발생하는 현상이다. 그러다보니 마치 어디서 본 듯한 콘텐츠가 나오게 되고, 괜찮은 결과가 나왔다고 하더라도 브랜드의 고유한 이미지와 맞지 않는 경우도 많다. 게다가 활용하는 AI플랫폼이 수집한 데이터가 편향적일 경우 결과물 또한 편향적일 수 있다.

생성 AI 기술은 이제 초기 단계이며 앞으로 어떤 방향으로 발전할지는 어디로 튈지 모르는 럭비공과 같다. 혹자는 생성 AI가 광고인의 자리가 위협받을 것이라고도 전망한다. 이는 노동 집약적인 업무를 효율적으로 줄인다는 측면에서는 분명 맞는 말이나, 생성 AI도 결국 Tool일 뿐이다. 생성 AI에 어떤 질문과 키워드를 입력하여 결과물을 만들어 내어 활용할 지는 결국 사람인 마케터가 판단한다. 따라서, 마케터가 가진 경험과 시각은 더욱 중요해질 것이다.

그럼에도 마케터는 새로운 것을 끊임없이 경험하고 진화하는 숙명을 가지고 있다. 이제 그 숙명을 생성 AI를 활용하는 데에 도전해 보자. 더욱 고도화되고 효과적인 소셜미디어 마케팅 전략을 수립하는 데 새로운 솔루션을 찾을 수 있을 것이다.

참고문헌

디지털 인사이트 (2023). 차이커뮤니케이션 AI 플랫폼 '차이GPC', '완결형 광고 생성 AI' 모습 드러내
매드타임즈 (2023). 광고 및 기술 전문가들이 예측하는 광고 분야 AI의 미래
모비인사이드 (2023). 우리 브랜드에 딱 맞는 SNS 선택하는 법
박상길, 정진호 (2022). 비전공자도 이해할 수 있는 AI지식. 반니
박준형, 김봉현 (2015). 소셜 미디어 환경에서 필요한 IMC 개념에 관한 연구. 한국광고홍보학보 17(1). 193-234
변지희 (2023). 20년 전 추억의 캐릭터 '쿵야'… 인스타 팔로어 15만 비결은
브랜드 브리프 (2023). AI, 크리에이티비티의 가능성을 확장시키다… 칸 라이언즈 2023 랩업 리포트②
소프트웨어정책연구소 (2023) 생성AI의 부상과 산업의 변화
야마모토 사토루 (2019). AI x 빅데이터 마케팅. 영진닷컴.
인크로스 (2023). AI가 꿈꿔온 마케팅, 당신은 준비되었나요?
입소스코리아 (2023). SNS 소셜미디어를 활용한 기업의 커뮤니케이션 채널 활용 전략은 무엇일까?
장문철, 주현민 (2023). 챗GPT & AI를 활용한 인공지능 그림 그리기 실전
Belch, G. E., & M. A. Belch. (2012). Advertising & promotion: An integrated marketing communications perspective. New York: McGraw-Hill.
Caroline Brisset (2023). What is AI in Social Media and How To Use It
Ephron, E, Media Planning-From Recency To Engagement, ICFAI Books, 2006.
Miguel Rebelo (2023). The 11 best AI tools for social media management in 2023. Zapier.
Rem Darbinyan. (2023). How AI Transforms Social Media. forbes.
J. Rayner. (2004). Managing reputational risk: Curbing threats, leveraging opportunities (Vol. 6).

PART 03

AI 기반 디지털 광고 전략의 제약 요인(한계점)

블록체인과 미래 디지털 광고 생태계
김주영

●

AI 기반 디지털 광고 전략의 제약 요인
이정규

●

블록체인과 미래 디지털 광고 생태계

김주영

블록체인 기술은 모든 유형의 자산이 거래되는 중앙화된 현재의 경제 시스템을 개선하기 위한 혁신적인 대안으로 받아들여지고 있다. 이는 블록체인이 갖고 있는 위변조가 불가한 분산형 원장 기술을 통해 현재 시스템을 탈중앙화할 수 있다고 보기 때문이다. 블록체인 기술은 이러한 특성으로 인해 중앙화되고 다수 당사자가 제어하는 현재의 광고 생태계에도 적용될 수 있으며, 현재 많은 스타트업들이 블록체인을 활용한 광고 트랜잭션 시스템을 테스트하는 중이다.

이 장에서는 블록체인 기술의 장점을 살펴보고, 이 기술이 광고생태계 혁신을 가져올 수 있을지에 대해 논의해 보려 한다. 저자의 최근 논문인 "Linking Blockchain Technology and Digital Advertising: How Blockchain Technology Can Enhance Digital Advertising to Be More Effective, Efficient, and Trustworthy"(김주영 외, 2023)[1]

---

[1] Kim, J., Lee, K. H., & Kim, J. (2023). Linking blockchain technology and digital advertising: How blockchain technology can enhance digital advertising to be more effective, efficient, and trustworthy. Journal of Business Research, 160, 1-11.

의 내용을 따라, 데이터 투명성, 소비자 프라이버시, 광고 사기와 같은 문제에 초점을 맞춰 블록체인 기술이 광고 생태계의 신뢰성 향상에 어떻게 도움을 줄 수 있는지 논의해 본다.

블록체인이 현재 디지털 광고 생태계의 문제점들을 해결할 수 있는 대안이 될 수 있을까?

1. 디지털광고 생태계와 문제점들

1994년에 미국의 AT&T가 hotwired.com(현재의 wired.com)에 첫 배너광고를 올린 것을 시작으로 디지털광고가 시작되었다. 당시 측정한 결과를 보면, 광고에 노출된 사람들의 44퍼센트가 광고를 클릭했다고 하니, 이후에 디지털 광고시장이 급격하게 성장하게 된 효시로 보기에 충분하다. Statista에 따르면 전세계 디지털광고 매출이 2023년에 US$626.86 billion(한화로 약 847조, 2023년 10월 환율 기준)이고 2026년까지 US$835.86 billion (한화로 약 1,130조)로 성장할 것으로 예측하고 있다[2/3]. 2023년 7월 현재 세계 인구의 64.6 퍼센트가 인터넷을 사용하고, 59.9퍼센트가 소셜미디어를 사용하고 있다는 통계를 보면, 디지털광고 시장은 앞으로도 계속 성장할 것으로 쉽게 예측해 볼 수 있다.

---

2   http://www.statista.com/statistics/237974/online-advertis-ing-spending-worldwide/

3   https://www.statista.com/statistics/617136/digital-population worldwide/

디지털광고 시장에는 여러 주체들이 존재한다. 크게는, 광고를 보는 유저(사용자), 광고가 게시되는 공간을 제공하는 퍼블리셔, 광고를 제공하는 광고주와 대행사, 그리고 중간에서 광고를 매개하고 판매하는 ad network와 ad exchange가 있다. 이들이 순서적으로 또 유기적으로 연결되어서 하나의 광고가 소비자가 보는 스크린에 도달하게 되는 것이다. 문제는 이 과정의 복잡성이 각 주체들 간의 정보공유 또는 확인이 어렵고, 과정이 너무 빠르게 진행되며, 전체 시장으로 봤을 때 방대한 양의 광고가 매초마다 처리됨에 따라 심화된다는 것이다. 예를 들어 아마존 AWS의 IAS(Integral Ad Science)가 하루에 100조가 넘는 양의 광고 트랜잭션을 확인(verify)하고 있다 하니[4] 모든 다른 광고 트랜잭션을 전세계적으로 합하면 그 양이 가늠하기 불가능할 정도로 방대할 것이다.

이러한 복잡성 때문에 큰 비용을 지출해서 광고를 하는 기업과 광고를 게시하는 퍼블리셔들에게는 해결되지 않는 큰 고민과 질문이 존재한다. 즉, 광고주 기업 입장에서는 광고들이 적소적시(어디에 언제)에 집행되었는지, 어떤 소비자(누구)에게 노출되었는지, 그 효과가 어떻게 되는 지에 대해 자세히 알고 싶을 것이고, 퍼블리셔 입장에서는 사이트(인터넷의 경우) 광고게시의 엄밀성과 정확성에 대한 데이터의 확보가 중요할 것이다. 다시 말해, 광고주는 내 광고가 어떤 경로로 어디에 누구에게 도달했는지와 그 효과에 대해 궁금한 것이고, 퍼블리셔는 운영하는 사이트에 게시되는 광고가 정상적인 경로로 도달되어서 광고 수익이 제대로 들어오게 될지에 대해 궁금할 것이다. 또한, 유저들 입장에서는 내가 지금 보는 광고가 왜 나에게 보이는지에 대해 궁금해

---

4 http://aws.amazon.com/ko/solutions/case-studies/integral-ad-science/

할 수 있을 것이다. 이 질문들과 관련된 세가지 키워드를 생각해 보면 투명성, 신뢰성, 그리고 프라이버시이다.

사실 투명성과 신뢰성은 상호 연결되어 있다. 투명하지 않으면 신뢰하기 어렵기 때문이다. 신뢰가 어려운 이유는, 불투명성 속에 내가 모르는 어떤 것이 있어서 나에게 불리하게 작용할 수도 있겠다는 리스크 때문이다. 마치 어두운 길을 걸을 때 어딘가 부딪치지 않을까 두려운 것과 마찬가지이다. 광고생태계에도 이러한 불투명성을 파고 들어서 이익을 도모하는 개인 또는 집단들이 있다. 일반적으로 광고사기(ad fraud)라 부르는 것을 하는데, 디지털광고의 노출, 클릭, conversion, 또는 데이터 이벤트에 대한 허위 진술을 포함한다. 높게는 50%까지 다다르는 디지털광고 비용이 사실상 깜깜이 광고에 지출된다는 데이터를 보면 왜 광고사기가 디지털미디어 낭비의 주요원인(Pritchard, 2020)[5]으로 지목되는지 가늠할 수 있다.

이러한 문제들에 대응하기 위해 미국 연방 개인정보 보호법 (American Data Privacy and Protection Act: ADPPA)과 같은 국가적인 수준의 제도 또는 애플, 구글과 같은 테크기업들의 자기규제적 해결책(예를들어, 제3자 쿠키 사용의 중단과 같은)들이 시행되고는 있으나, 불투명성, 비신뢰성, 그리고 광고사기와 같은 문제들을 의미 있게 해결하지는 못하고 있고, 이로 인한 디지털광고 생태계의 전반적인 비효율성은 지속되고 있는 상황이다 (Gordon et al., 2021).[6]

---

[5] Pritchard, M. (2020). Commentary: "Half my digital advertising is wasted…". Journal of Marketing, 85(1), 26-29. https://doi.org/10.1177/0022242920971195

[6] Gordon, B. R., Jerath, K., Katona, Z., Narayanan, S., Shin, J., & Wilbur, K. C. (2021). Inefficiencies in digital advertising markets. Journal of Marketing, 85(1), 7–25. https://doi.org/10.1177/0022242920913236

현재 디지털광고가 사용자의 스크린에 도달하는 과정은 다음과 같다. 예를 들어, 한 사용자가 랩탑 컴퓨터로 어떤 사이트 A를 방문하게 되면, A 사이트 페이지에 광고 공간을 채울 광고가 필요하다는 정보가 사이트와 연결된 서버에 전달된다. 이 정보는 A 사이트와 연결된 애드네트워크(ad network)를 통해 애드익스체인지(ad exchange)라 불리는 수많은 퍼블리셔와 광고주들이 광고를 판매할 수 있는 일종의 광고시장에 전달된다. 애드익스체인지는 수요측(demand side – 광고 공간에 대한 수요가 있는 광고주)과 공급측(supply side – 광고공간을 제공하는 퍼블리셔)을 연결해 줌으로써 프로그래마틱 실시간 경매과정을 통해 특정 광고가 A 사이트 페이지에 보여지도록 광고의 유통과정을 연결해 주게 된다. 이 모든 과정은 보통 100분의 1초라는 극히 짧은 시간 동안 이루어진다. 이러한 광고 트랜잭션의 규모는 전세계적으로 봤을 때 세기가 불가능할 정도로 크다. 이미 설명했듯이 하루에 100조가 넘는 광고들이 아마존 AWS를 통해 확인과정을 거친다고 봤을 때, 이 모든 과정을 투명하게 관리한다는 것은 사실상 불가능하다. 수많은 애드네트워크와 애드익스체인지가 있는데다가, 그 안에서도 여러 주체들이 각자의 데이터와 돈의 흐름에 대해 독립적으로 소유를 하고 있다고 보면 투명성은 이미 없다고 봐야하고, 이로 인해 상호 신뢰성을 갖기는 매우 어렵다. 이러한 非(비)최적성(suboptimal)은 이를 해결하기 위한 또 다른 중간 매개자들을 탄생하게 만들었다. 예를 들어 더블베리파이(Double Verify)와 같은 광고 교환의 효과를 확인하는 서비스와 광고 사기를 진단하고 막아주는 클릭시즈(ClickCease)와 같은 회사들이 등장했다. 이러한 노력에도 불구하고 광고 교환에 있어 광고라는 '물건'이 제조자로부터 최종 소비자까지 전달되는 유통과정이 전체적으로 투명하지 않다는 현실은 현재의 광고생태계에 새로운 패러다임적 시스템 전환이 있지 않는 한 더 이상 개선이 어렵다고 본다.

따라서, 이 장을 통해 저자는 현재 광고생태계를 보다 투명하고, 신뢰적이고, 사기가 없는 유통망으로 만들기 위해 블록체인이 좋은 대안이 될 수 있다는 제안을 해 보고자 한다. "네트워크에서 트랜잭션을 기록하고 자산을 추적하는 프로세스를 가능하게 하는 공유되는 불변의 원장"(IBM, https://www.ibm.com/kr-ko/topics/blockchain)인 블록체인은 그 특성(공유성과 불변성)으로 인해 광고 유통망에서 광고가 어떻게 어떤 방식과 조건으로 어디에서 어디로 도달했는지에 대한 정보를 투명하게 보여줄 수 있는 기술을 제공할 수 있다. 이로 인해 블록체인 기술은 광고 산업의 투명성과 신뢰성을 높일 수 있는 잠재력을 가지고 있다.

2. 블록체인 기술의 이점

블록체인은 네트워크 내 권한이 있는 구성원만 접근할 수 있는 변경 불가능한 원장들로 구성되어 있고, 여기에 저장된 완벽하게 투명한 정보를 즉시 공유할 수 있기 때문에 비즈니스 환경에서 주문 및 결제와 같은 모든 것을 정확하게 추적하는 데 사용할 수 있다. IBM은 블록체인의 세 가지 핵심 요소로 분산원장기술, 불변성, 스마트계약을 들고 있다.

첫째, 블록체인은 중앙 서버나 제3자 중개자가 필요하지 않고도 데이터 레코드를 보유하는 변경 불가능한 블록의 체인으로 구성되는 분산원장기술(DLT: Distributed Ledger Technology)을 사용한다. 두번째로 블록 내 정보의 변경 불가능성이 이 기술의 두 번째 핵심 요소이다. 즉, 네트워크 구성원은 공유 원장을 변경할 수 없다는 것이다. 오류나 업데이트로 인해 정보를 수정해야 하는 경우에는 되돌아가서 수정을 하는 것이 아니라, 새로운 거래를 추가하는 방식으로 수정사항을 해결한다. 이러한 경우 두 거래 정보 모두가 구성원에게 표시되어 투명성이 보장된다. 세 번째 요소는 블록체인 기술이 유효한 거래를 자동화할 수 있는 스마트 계약을 촉진할 수 있다는 것이다.

블록체인의 형성은 세 단계로 진행된다. 첫째, 누구, 언제, 무엇, 어디에 대한 정보가 포함된 '자산'의 거래가 데이터 블록(A)으로 기록된다. 둘째, 자산이 다른 네트워크 구성원으로 이동될 때 A는 다른 블록(B)과 연결된다. 셋째, 자산이 거래망을 따라 이동함에 따라 블록이 체인에 추가되면 새로운 블록을 체인에 추가연결하여 이전 블록의 진위성을 강화할 수 있다. 이러한 자동적 자체 강화 프로세스는 블록체인 전체의 불변성과 투명성, 나아가 신뢰를 보장하게 된다.

광고유통망에 블록체인 기술이 적용된다고 가정하면, '자산'은 광고가 될 것이다. 구체적으로, 블록체인은 광고 및 입찰 요청, 광고 전달 및 경매 응답과 같은 주문과 광고주 및 광고를 게재한 웹사이트에 대한 정보와 같은 연관된 데이터를 기록할 수 있다. 이 정보를 통해 광고주는 광고가 올바르게 게재되고 표시되었는지, 광고 비용이 적절하게 청구되었는지 확인할 수 있게 된다. 또한, 광고 플랫폼은 광고 전달 프로세스의 모든 단계를 추적하여 사기 및 부정 행위를 방지할 수 있게 된다.

그림 1. 광고 블록체인의 예시

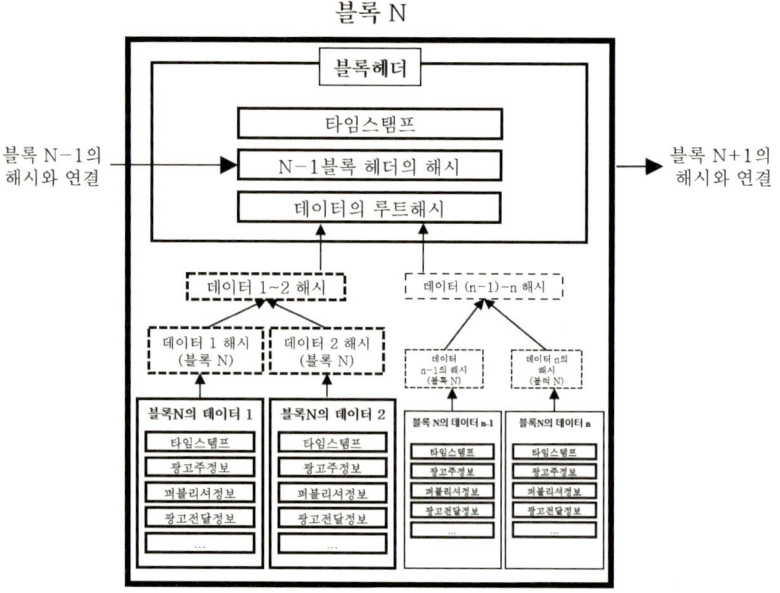

3. 블록체인을 활용한 광고테크

블록체인 기술은 디지털 광고의 투명성과 신뢰성을 높여 산업의 문제를 극복할 수 있는 잠재력을 가지고 있다. 아직 초기 단계에 있지만 향후 시장의 성장과 함께 빠르게 도입될 것으로 예상된다. 현재도 많은 기업들이 디지털광고 유통과정에 블록체인 기술을 활용한 솔루션을 제공하고 있다. 하지만 많은 블록체인 기반 서비스가 불안정성(Page, 2020)[7]과 같은 문제로 인해 산업계에서 대중화되지는 못하고 있

---

[7] https://www.cmo.com.au/article/671101/can-blockchain-deliver-its-big-advertising-promises/

는 실정이다. 따라서, 광고산업에서 블록체인 기술의 도입은 아직 초기 단계에 있다고 봐야 하며, 대규모로 기술을 구현하기 위한 상당한 산업 간 표준화 및 협업 노력이 지속적으로 필요하다. 이러한 도전에도 불구하고 글로벌 블록체인 기술 시장 규모가 2023년부터 2030년까지 87.7%의 연복합 성장률(CAGR)로 증가할 것으로 예상됨에 따라 블록체인 기술의 도입은 계속 증가할 것으로 본다. 또한, 미디어 및 엔터테인먼트 산업을 위한 블록체인 시장은 2022년(3억 9,560만 달러)에서 2030년(1조 1,766.5백만 달러)까지 52.8%의 CAGR로 성장할 것으로 예상되고 있다.[8]

광고 생태계를 개선하기 위한 현재의 블록체인 기술 활용의 사례 몇 가지를 아래에 나열해 본다.

- AdNode의 Single Source of Truth: 데이터 접근에 대한 프라이버시 옵션을 제공하는 투명성을 위한 지표
- Alkimi Exchange의 Proof of Reputable Observation (PRO) 합의 매커니즘: PRO 합의 매커니즘으로 보호되는 투명하고 안전한 광고 네트워크
- Ambire-AdEx의 블록체인을 통한 실시간 광고 사기 감지 서비스. 광고 게시자가 정제된 사용자 데이터를 수집하는 클라이언트측 소프트웨어 제공
- Blockgraph의 데이터 보안 및 프라이버시를 보호하기 위한 플랫폼
- Kind Ads'의 'Kind Ads Score': 사용자와 게시자 모두에게 연관성 있는 광고를 하기 위한 시스템

---

8 https://www.grandviewresearch.com

- Brave 웹브라우저의 Basic Attention Token (BAT): 사용자와 게시자가 생성한 주목(attention)에 대해 보상하는 블록체인 토큰
- Madhive의 Trustworthy Accountability Group (TAG) 인증: TV 플랫폼에서 광고 사기 및 악의적인 공격을 방지하기 위한 인증
- NYIAX의 NASDAQ Financial Matching Engine: 미디어 구매의 자동화된 거래를 수행하고 투명한 가격 데이터를 보장

이러한 모든 노력은 광고 사기를 방지하면서 데이터 투명성과 소비자 프라이버시를 촉진하는데 초점이 맞춰져 있다. 요약하자면, 블록체인 기술은 광고 생태계를 개선하기 위한 다양한 노력의 중심에 있고, 이러한 노력은 데이터 투명성, 소비자 프라이버시 및 광고 사기 방지를 촉진함으로써 광고 산업의 신뢰성을 높일 수 있을 것이다.

4. 블록체인을 활용한 광고테크의 이점

고든(Gordon) 등(2021)은 디지털광고 시장이 비효율적인 이유로 네 가지 주요 특징을 제시했다. 이 네 가지 특징은 광고 효과 측정, 조직 비효율성, 광고 차단 및 광고 사기이다. 처음 두 가지는 거래 데이터의 투명성 부족과 관련이 있고, 광고 차단은 프라이버시 우려와 관련이 있고, 광고 사기는 투명성과 프라이버시와 관련된 문제의 바람직하지 않은 부산물이라고 볼 수 있다.

이에 따라 블록체인 기반 광고 시장 프레임워크가 광고 사기를 포

함한 이러한 문제들을 해결하는 데 어떻게 도움이 될 수 있는지에 대한 논의는 중요하다. 다음 그림은 투명성, 프라이버시 및 광고 사기 문제가 현재 디지털 광고 생태계에 영향을 미치는 프로세스를 보여준다.

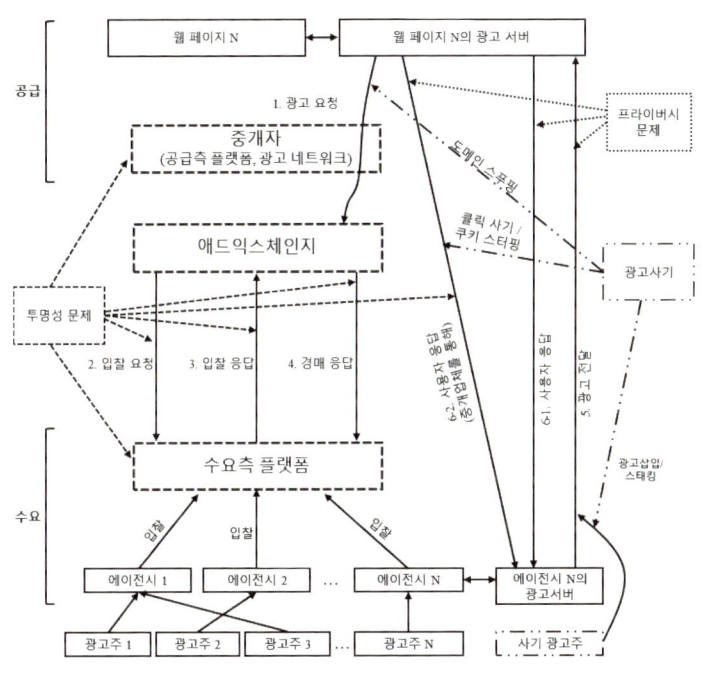

그림 2. 현재 디지털광고 생태계의 주요 문제들 (출처: 김주영 외, 2023)

1) 데이터의 투명성 문제

고든(Gordon) 등(2021)에 따르면, 현재 디지털광고 효과 측정의 불투명성에 기여하는 첫 번째 문제는 데이터 가용성과 연결성 부족이다. 많은 광고주들은 여전히 개인소비자 수준에서 광고 투입(즉, 노출)과 결과(예: 매출)를 연결할 수 없다. 이 문제는 지연된 구매 효과, 소비자의 관찰되지 않는 의사 결정 단계 및 유통 채널 구성원이 소유한 고객 데이터에 대한 제한된 접근에 상당부분 기인한다. 온라인 구매 고객 여정(예: 조회, 클릭, 구매) 전반에서 광고 전달 프로세스에 참여하는 당사자 간에 데이터가 분리되어 있기 때문에 측정 가능한 입력과 결과 간의 연결을 증명하기 어렵기 때문이다. 이에 더해, 일반적으로 세일즈 프로모션(예: 할인) 및 PR과 같은 마케팅믹스를 하는 광고주의 전략적 행동으로 인해 광고 투입과 결과 간의 상관 관계가 혼란스러워 질 수 밖에 없다.

이에 반해, 블록체인 기술은 디지털 광고 생태계에서 DSP(Demand-Side Platform)에서 SSP(Supply-Side Platform)에 이르기까지 타임스탬프, 광고주 및 게시자 정보, 광고 전달 정보와 같은 광고 관련 데이터의 흐름을 투명하게 만드는 데 도움이 될 수 있다. 네트워크 구성원은 일련의 사실 정보를 공유하기 때문에 각 구성원은 권한이 있는 경우 광고 트랜잭션의 모든 세부 사항을 처음부터 끝까지 볼 수 있다. 생태계 내 참여자 간의 데이터 연결성을 높여주는 이러한 잠재력은 소비자 선호도 및 행동 데이터에 대한 접근을 향상시킬 것이다. 블록체인 기반 광고 생태계에서 사용 가능한 데이터의 투명성은 광고 성공 및 실패에 대한 더 명확한 이해를 제공하고, 부정확하고 이기적인 데이터 공유 또는 보고를 억제할 수 있다.

2) 프라이버시 문제

Tinuiti(2023)[9]에 따르면, 2023년 3월 현재 미국 성인의 31%가 프라

---

9 https://www.insiderintelligence.com/insights/ad-blocking/#:~:text=Internet%20users%20mainly%20use%20ad,ad%20blockers%20to%20prevent%20tracking.

이버시를 지키기 위해 광고차단 프로그램을 사용하고 있다고 한다. 또한 Blockthrough(2021)[10]에 따르면, 광고 차단 기술을 사용하는 미국 소비자의 81%가 방해적이거나 반복적인 광고를 피하기 위해 광고 차단기를 사용한다고 한다.

블록체인 기술은 광고주에게 고품질의 정보성 있는 광고에 대해 보상하는 자동 인센티브 메커니즘과 보증 절차를 통해 광고를 덜 방해하고 덜 짜증나게 만들 수 있다. 예를 들어, Kind Ads 프로젝트와 BAT 프로젝트는 블록체인 기술을 활용하여 온라인 광고를 사용자에게 보다 더 효용성 있게 만드는 솔루션을 모색하고 있다.

물론 여기에는 또 다른 프라이버시와 관련된 중요한 문제가 있다. 바로 블록체인의 장점인 투명성이 개인 프라이버시 문제와 관련해서 단점이 될 수도 있다는 것이다. 즉, 악의적인 행위자가 모든 개인 정보 또는 개인 식별 정보에 접근하게 될 경우 심각한 프라이버시 침해의 소지가 있다는 것이다.

이러한 문제는 익명화, 프라이버시 보호 수준의 적절성과 범위에 대한 정기적 평가, 스마트계약으로 개인정보보호에 대한 매커니즘 확보, 차등 개인 정보 보호 기술 등을 적극적으로 활용하여 해결책을 모색해 볼 수 있다. 특히, 차등 개인 정보 보호(Differential Privacy; Dwork, 2006)[11]를 사용하면 광고주가 유용한 데이터 분석을 수행하는 것을 방지하지 않으면서도 개인이 데이터셋의 일부인지 여부를 확인하는 것

---

[10] Blockthrough. (2021). The rise of consent-based advertising. Blockthrough. http://blockthrough.com/blog/2021-adblock-report/

[11] Dwork, C. (2006). Differential Privacy. In M. Bugliesi, B. Preneel, V. Sassone, & I. Wegener (Eds.), ICALP 2006: Automata, Languages and Programming (pp. 1–12). Springer. https://doi.org/10.1007/11787006_1.

을 거의 불가능하게 만들어 준다. 이는 사용자 쿼리의 출력에 노이즈를 추가하여 데이터셋의 각 개인에 대해 결과(개인이 포함된 경우와 포함되지 않은 경우)를 계산적으로 구분할 수 없도록 하여 프라이버시를 보호하는 기술이다.

3) 광고사기

디지털 광고 생태계는 퍼블리셔, 광고주 및 광고 네트워크를 포함한 모든 시스템 구성 요소에 이윤을 제공한다. 안타깝게도, 높은 수익으로 인해 디지털 광고 시스템은 다양한 형태의 사기의 대상이 될 수 밖에 없고 이에 대해 취약하다. 최근 연구(Juniper, 2022)[12]에 따르면 2024년에 디지털 광고 사기로 인해 북미 지역의 광고주들이 하루에 1억 달러를 낭비하고 있는 것으로 추정한다.

예를 들어, 클릭 사기는 광고주의 제품 구매에 관심이 없이도 자동 스크립트 또는 봇을 사용하여 클릭당 지불 광고를 의도적으로 클릭하는 일반적인 광고 사기 기법이다. 클릭 사기는 광고주의 광고 예산을 소모하는 동시에 광고를 게재하는 웹사이트의 수익을 증대시키는 것을 목표로 한다. Lunio(2021)[13]의 최근 연구에 따르면 모든 디스플레이 광고 클릭의 36%가 사기임이 밝혀질 정도로 디지털 광고 사기 기법은 사기 탐지를 피하고 웹, 모바일 및 스마트 장치를 포함한 다양한 환경에서 더 효과적으로 작동하기 위해 끊임없이 진화하고 있는 실정

---

[12] Juniper. (2022). Digital advertising fraud: Market forecasts, key trends & competitor landscape 2022-2026. Juniper Research. https://www.juniperresearch.com/researchstore/content-digital-media/digital-advertising-fraud-research-report.

[13] Lunio. (2021). Lunio's global click fraud report 2020-2021. Lunio. https://lp.lunio.ai/wp-content/uploads/2022/07/Global-Click-Fraud-Report.pdf.

이다.

각 광고사기 기법에 대해 간략히 설명하면 다음과 같다.

- 클릭사기: 광고주의 제품이나 서비스를 구매할 의사가 없는 사람이 광고를 클릭하는 행위이다. 클릭당 지불(PPC, pay-per-click) 광고에서 광고주는 광고가 클릭될 때마다 비용을 지불하기 때문에 클릭사기는 광고주의 광고 예산을 소모하고, 광고의 효과를 떨어뜨리며, 소비자의 신뢰를 잃게 만드는 심각한 문제이다. 클릭 사기를 탐지하는 데 가장 큰 과제는 자동 생성된 클릭과 사람이 생성한 클릭을 구분하는 것이다. 왜냐하면, 클릭 사기는 자동화된 도구를 사용하여 광고를 클릭하는 경우가 많기 때문이다. 따라서 광고 시스템은 사람이 생성한 클릭과 자동화된 도구를 사용하여 생성된 클릭을 구분할 수 있어야 한다. 블록체인을 활용하게 되면, 데이터의 투명성과 보안성 강화와 같은 블록체인만의 장점을 통해 광고 클릭의 진위 여부를 손쉽게 확인할 수 있다.

- 광고삽입과 스태킹: 광고 삽입은 진짜 광고 옆에 사기성 광고를 배치하거나 게시자의 지식이나 승인 없이 진짜 광고를 완전히 대체하는 기법이다. 광고 스태킹(쌓기)은 유사한 기술이지만 합법적인 광고를 대체하는 대신 합법적인 광고 위에 사기성 광고를 쌓는 것이다. 사용자가 합법적인 광고를 클릭하면 사용자는 실제로 보이지 않는 사기성 광고를 클릭하는 것이 되고, 보통 사기성 웹 페이지로 연결된다.

- 도메인 스푸핑: 저품질 사이트를 고품질 웹사이트처럼 보이도록 의도적으로 위장하는 사기 행위이다. 광고주들은 자신들의 광고

가 프리미엄 웹사이트에 게재된다고 믿기 때문에 이러한 스푸핑된 웹사이트에 더 많은 비용을 지불하게 된다. 이러한 사기성 웹사이트에 불법 또는 규제되지 않은 콘텐츠가 포함될 수 있기 때문에 도메인 스푸핑은 광고주의 평판손상으로 이어질 가능성이 높다.

- 쿠키 스터핑: 디지털 광고 생태계에서 심각한 범죄이다. 이 사기는 제휴 마케팅을 타겟으로 한다. 제휴 마케팅은 한 기업이 다른 기업의 웹사이트에서 고객 또는 판매를 유도하는 대가로 수수료를 지불하는 프로세스인데, 쿠키 스터핑의 목적은 타인의 수수료를 탈취하는 것에 있다. 블록체인 기반 광고 생태계에서 광고주는 사용자의 활동을 추적하기 위해 타사 쿠키에 의존할 필요가 없게 된다. 사용자의 행동 정보는 광고 블록체인 네트워크를 통해 저장되고 공유되기 때문이다. 쿠키와 달리 블록에 저장된 데이터는 위조하거나 변조할 수 없기 때문에, 블록체인 기술은 쿠키 스터핑 사기를 완전히 방지할 수 있을 것으로 본다.

다음 표는 일반적인 광고 사기 기법을 앞서 설명한 대로 네 가지 유형으로 분류하고 블록체인이 이러한 기법으로 인한 위험을 완화하는 데 어떻게 도움이 될 수 있는지 간략히 보여준다.

광고사기의 종류	주요 타겟	블록체인을 통한 대응효과
클릭 사기	광고주, 사용자	감지
광고삽입과 스태킹	광고주, 퍼블리셔, 사용자	감지
도메인 스푸핑	광고주, 퍼블리셔	예방과 감지
쿠키 스터핑	광고주	예방

5. 블록체인과 디지털광고 미래를 위한 과제

　블록체인 기술은 광고 프로세스에서 소비자 프라이버시, 데이터 투명성 및 사기 방지를 개선하기 위한 유망한 솔루션으로 볼 수 있다. 그러나 이러한 요소들 사이에는 신중하게 고려해야 할 균형이 존재한다. 예를 들어, 소비자 프라이버시를 강화하면 타겟팅 광고의 효과가 감소할 수 있다는 사실이다.

　디지털 광고 산업이 블록체인 기술을 완전히 채택할지 여부는 아직 미지수이다. 여러 이유가 있겠지만, 주요한 이유는 빅테크 기업들이 상당부분 소유하고 중앙화해서 이윤을 누리고 있는 광고생태계를 그들이 탈중앙화를 위해 노력할 동기가 부족하다는 점이다. 그러나 블록체인 기반 광고의 잠재적 혜택이 사기 감소, 데이터 투명성 개선 및 소비자 프라이버시 보호에 있어 상당한 크기 때문에, 장기적으로는 산업전반으로 채택될 가능성이 높을 것으로 본다. 그러나 블록체인 기술은 아직 초기 단계에 있으며, 광범위하게 채택되기 전에 해결해야 할 문제가 산적해 있다. 예를 들어, 블록체인 기술은 에너지 소비가 많고 복잡할 수 있으며 초거대한 광고 트랜잭션을 실시간으로 현재 수준의 속도(100분의 1초)로 처리할 수 있는 scalability의 확보 또한 매우 중요한 과제이다.

　디지털광고 과정에 있어 투명성과 신뢰성을 높이고, 사기의 방지를 위해 광고 산업의 모든 이해관계자가 함께 노력해 가는 것이 이제는 필요하다. 이 중심에 블록체인 기술의 잠재성에 대한 인식의 공유가 있기를 바라고, 이를 사용하는 데 필요한 지식과 기술에 대한 투자를 독려하고 지속하는 것이 중요할 것이다.

참고문헌

Kim, J., Lee, K. H., & Kim, J. (2023). Linking blockchain technology and digital advertising: How blockchain technology can enhance digital advertising to be more effective, efficient, and trustworthy. Journal of Business Research, 160, 1-11.

Pritchard, M. (2020). Commentary: "Half my digital advertising is wasted…". Journal of Marketing, 85(1), 26-29. https://doi.org/10.1177/0022242920971195

Gordon, B. R., Jerath, K., Katona, Z., Narayanan, S., Shin, J., & Wilbur, K. C. (2021). Inefficiencies in digital advertising markets. Journal of Marketing, 85(1), 7–25. https://doi.org/10.1177/0022242920913236

Dwork, C. (2006). Differential Privacy. In M. Bugliesi, B. Preneel, V. Sassone, & I. Wegener (Eds.), ICALP 2006: Automata, Languages and Programming (pp. 1–12). Springer. https://doi.org/10.1007/11787006_1.

Juniper. (2022). Digital advertising fraud: Market forecasts, key trends & competitor landscape 2022-2026. Juniper Research. https://www.juniperresearch.com/researchstore/content-digital-media/digital-advertising-fraud-research-report.

Lunio. (2021). Lunio's global click fraud report 2020-2021. Lunio. https://lp.lunio.ai/wp-content/uploads/2022/07/Global-Click-Fraud-Report.pdf.

AI 기반 디지털 광고 전략의 제약 요인

이정규

1. 들어가며

기업의 마케팅 활동에 있어 AI의 사용은 점차적으로 증가하고 있다. 콘텐츠를 기획하고 제작하는 과정에서 AI는 사람이 해야 할 일을 대신하여 수행함으로써 기업의 비용 절감과 생산성 증가에 많은 도움을 주고 있다. 또한 AI는 실시간으로 사용자의 행동을 데이터화하여 분석함으로써 적절한 광고의 타깃(target) 선정과 광고 효과 측정 최적화를 가능하게 만들어주고 있다. 하지만 지나치게 AI에 의존하는 기업의 디지털 활용 전략은 여러 가지 문제들을 야기하고 있다. 특히 소비자 행동적 측면에서 지나친 AI의 활용으로 인하여 대두되는 윤리적 문제들은 소비자로 하여금 AI에 대한 부정적 태도를 형성하도록 만들고 있다. AI를 활용한 창작물의 조작 및 혐오 콘텐츠 생산, 효과적인 AI 알고리즘의 활용을 위한 소비자 정보 프라이버시(privacy) 침해, 알고리즘 편향이 야기하는 콘텐츠에 관한 부정적 인식 등이 기업으로 하여금 디지털 광고 전략 수립 및 실행 과정에 있어 적극적인 AI 도입을 주저하게 만들고 있다. 따라서 여기에서는 AI로 인한 디지털 광고의 조작에 대한 소비자의 반응에 관해 알아보고, AI 알고리즘의 원활한 활용을 위해 소비자의 정보를 요구하는 경우 나타나는 소비자의 우려와 알고리즘의 편향성이 소비자의 콘텐츠 소비에 미치는 부정적 영향에 대해 자세히 살펴보도록 하겠다.

2. AI에 의한 광고 조작 가능성에 대한 소비자의 부정적 인식

1) 광고 조작(advertising manipulation)의 진화

Campbell과 그의 공동 저자들은 2022년 발표한 논문(Campbell, Plangger, Sands, and Kietzmann 2022)에서 광고 조작이 어떤 방식으로 발전해 왔는가에 대해 구체적으로 언급하고 있다. 광고 조작(ad manipulation)이란 광고의 변형과 광고의 제작에 활용되는 모든 유형의 기술이나 테크놀로지를 의미한다. 광고란 현실을 인공적으로 표현하는 기법이며 광고에 실리는 콘텐츠는 대개 의미를 효과적으로 전달하기 위해 조작되어 진다(Rust and Oliver 1994). 광고에서의 조작은 복잡성을 띄며 시간에 따라 상당히 많은 변화해 왔다. 이와 같은 광고 조작의 진화(evolution)는 크게 세 가지의 세대(generation)를 거치며 발전해 왔다. 광고 조작의 1세대인 아날로그 조작(analog manipulation)은 전문가에 의해 수작업으로 이루어졌고, 2세대인 디지털 조작(digital manipulation)은 포토샵 기술 등을 활용하여 디지털 이미지에 대한 편집을 통해 이루어졌으며, 3세대인 합성 조작(synthetic manipulation)은 인공지능 알고리즘(algorithm)에 의해 이루어지고 있다(Campbell et al. 2022).

우선 광고 조작의 1세대인 아날로그 조작은 숙련되고 재능 있는 전문가가 실체가 있는 화장이나 색칠 도구 등을 이용하여 일반적으로 사진, 동영상, 음성 녹음 등의 콘텐츠 중에 눈에 잘 띄는 오류나 흠을 제거하는 수준에서 이루어졌다. 전문가들은 대개 광고를 제작하기 전에는 광고 모델의 화장, 광고를 촬영하는 카메라의 각도, 조명 등을 수정하고, 광고가 만들어진 이후에는 음성이나 동영상을 녹음 또는 녹화한 필름(magnetic tape) 등을 편집하여 광고 효과를 극대화 시키려 노력하였다. 하지만 이와 같은 아날로그 조작은 광고의 주요 콘텐츠를 수정하기에는 역부족이었고, 작업을 진행함에 있어 상당한 노력과 시간이 요구되어 그 한계성을 가지고 있었다.

그 다음 세대인 디지털 조작은 초기에는 아도비사에서 제공하는 포토샵(Adobe's Photoshop) 등의 디지털 편집 도구를 활용하여 광고 이미지나 동영상을 단순하게 수정하는 등 광고에 변형(alteration)을 주는 방식으로 이루어졌다. 이후에는 복잡한 디지털 기술인 컴퓨터 생성 이미지(computer-generated imagery, CGI)를 사용하여 인쇄 매체, 동영상 및 비디오 게임용 이미지를 개선하기도 하였다. 광고 크리에이터들은 일정 기간의 학습과 노력을 통하여 CGI의 사용법을 익히게 되며, 어느 정도 숙달이 되면 CGI를 바탕으로 2D나 3D 컴퓨터 그래픽을 활용하여 텅 빈 스타디움을 환호하는 관중들로 채운다거나 증강현실(augmented reality) 기술과 접목하여 소비자의 눈앞에 특정 브랜드의 로고를 생성하는 것들이 가능해 졌다. 아직까지 광고업계에서는 아날로그 조작이 사용되고 있지만 점차적으로 아날로그 조작 기법들은 디지털로 대체되고 있다. 이는 사람의 전문성에 의존하던 것이 사람과 컴퓨터 프로그램과의 상호작용으로의 의존으로 바뀌고 있음을 의미한다.

가장 최근에 등장한 3세대는 합성 조작(synthetic manipulation)이 주를 이루고 있으며 AI 알고리즘을 활용하여 디지털 콘텐츠를 제작하거나 수정하는 것을 의미한다. 특히 딥페이크(deepfake)와 같은 인공지능을 활용한 이미지 합성 기술을 기반으로 하여 콘텐츠를 재구성하게 된다. 딥페이크 기술은 광고 크리에이터로 하여금 광고에 등장하는 모델과 같은 특정 대상의 얼굴, 목소리, 피부 색깔, 성별, 패션 스타일 등을 자신이 원하는 원천(source)으로의 합성을 가능하게 해준다(Kietzmann et al. 2020).

2) 광고 조작에서 딥페이크 기술의 활용

딥페이크(deepfake)란 '생성적 적대 신경망(Generative Adversarial Networks, GAN)'을 근간으로 하여 기존의 이미지(image)에 또 다른 이미지를 합성하여 새로운 결과물을 만들어내는 기술이라고 정의할 수 있다(최창욱, 정유미, 2022). 보다 자세히 말하면 딥페이크는 인공지능을 이용하여 이미지 원본에 다른 이미지를 중첩시킬 수 있으며, 그 밖에 여러 지능정보기술을 응용하여 다양한 디지털 콘텐츠를 생산해 낼 수 있는 기술이다(최창욱, 정유미, 김정환, 2022). 딥페이크는 'deep learning'과 거짓을 의미하는 'fake'의 합성어로 소셜 뉴스 웹사이트인 '레딧(Reddit)'에서 익명의 사용자가 딥페이크 기술을 이용하여 무명의 연예인 이미지를 성인물 동영상에 합성한 후에 다른 이들과 공유하면서 인터넷 사용자들에게 알려지기 시작하였다(Kietzmann, Lee, McCarthy, and Kietzmann 2020). 초창기에 딥페이크는 오토인코더(autoencoder)라는 밀집 인공 신경망(deep neural network)을 기반으로 하여 원본 대상의 특정 부분을 교체(replace)하거나 재구성(reconstruct)하는 방식으로 이루어졌다. 오토인코더는 크게 세 가지의 과정으로 형성되어 있다. 첫째는 입력(encoder)으로 대상의 얼굴에서 얼굴의 특성이나 감정을 추상적으로 추출하는 과정이고, 둘째는 이렇게 추출된 데이터를 입력보다 더 낮은 차원으로 축소하여 시각화 시키는 과정이며, 셋째는 축소된 데이터를 원본으로 재생시키는 과정이다. 오토인코더를 기반으로 한 딥페이크를 활용한 예시로는 명품 패션 브랜드인 디올(Dior)에서 판매하는 쟈도르(J'adore)라는 여성 향수 광고를 들 수 있다.

그림 1. 쟈도르(J'adore)의 딥페이크 이미지 (출처 : Research Gate)

그림 1에서 볼 수 있듯이 딥페이크 기술을 이용하여 쟈도르 광고 원본에 등장하는 샤를리즈 테론(Charlize Theron)의 얼굴을 미스터빈으로 잘 알려진 영국 배우 로완 아킨슨(Rowan Atkinson)의 얼굴로 바꿔치기 하였다. 오토인코더를 활용하여 두 배우 얼굴의 공통점을 인식하도록 인코더(encoder)를 통하여 학습시키고 난 후, 샤를리즈 테론

의 머리가 향하는 방향과 얼굴에서 나타난 감정 표현에 부합(matching) 되도록 로완 아킨슨의 얼굴 이미지를 합성시킨 것이다. 이렇게 오토인코더가 딥페이크 기술 초기 단계에 자주 활용 되었지만 기술상의 한계도 존재하였다. 오토인코더를 사용하게 되면 300개의 차원(dimension) 내에서 모든 얼굴 표정을 생성해내야 하므로 얼굴의 이미지를 재구성할 때 중요한 데이터 손실이 일어날 수 있으며, 이에 따라 복원된 얼굴 이미지가 자연스럽지 않고 인위적으로 인식될 가능성이 있다(Campbell, Plangger, Sands, and Kietzmann 2022). 이에 따라 최근에는 원 데이터 없이도 새로운 이미지나 영상을 만들어 낼 수 있는 생성적 적대 신경망(Generative Adversarial Networks, GAN) 기술이 활발히 사용되고 있다(최창욱, 정유미, 김정환, 2022).

GAN은 하나의 인공지능 시스템만을 사용하기 보다 두 개의 인공지능 시스템을 동시에 사용함으로써 학습을 통하여 더 빠르고 정확하게 이미지나 동영상을 생성하게 된다. GAN 기술을 활용하여 인물 사진을 생성해 내는 것을 생성자(generator)라고 하고, 생성된 인물 사진을 평가하는 것을 구분자(discriminator)라고 하며, 인공신경망 내에서 생성자와 구분자의 대립을 통하여 서로의 성능이 향상되는 방향으로 학습이 이루어지게 된다. 즉, 생성자와 구분자가 상호작용 하게되면 원본과 아주 유사한 복사본 생성이 가능해지며, 이로 인하여 딥페이크 기술이 한 단계 더 발전하게 되었다(최창욱, 정유미, 김정환, 2022). GAN 기술의 활용을 예시를 들어 설명하자면, 인공지능이 유명 화가의 그림을 탐색하고 화가가 주로 사용하는 색상과 구도, 화가의 화풍을 훈련하게 되는 경우, 생성자는 학습을 통해 축적한 지식으로 수많은 그림 이미지를 생성하게 되고, 구분자는 생성자가 그린 새로운 창작물이 유명 화가의 그림을 얼마만큼 정확하게 모방하였는지를 평가하게 되며, 이와 같은 상호작용을 지속적으로 거치게 되면 화가의 화풍을 완벽하게 묘사할 수 있게 된다(Oxford Internet Institute, 2023). 미국 뉴저지 주립대학교의 'Art and A.I. Lab'은 2019년부터 GAN 기술을 활용하여 인공지능을 학습시켜 바로크(Baroque), 로코코(Rococo), 추상표현주의(Abstract Expressionism) 등의 화풍을 사실적으로 모방한 그림을 생성해 오고 있다.

그림 2. The Art and Artificial Intelligence Laboratory at Rutgers
(출처 : Saleh, B., Abe, K., Arora, R. S., & Elgammal, A. 2016)

AI를 활용한 합성 조작(synthetic manipulation)이 다양한 산업에서 사용되는 이유는 마케터들에게 여러 가지 잠재적인 혜택을 제공해 줄 수 있기 때문이다. AI를 통하여 광고를 제작하게 되면 광고의 보정 등에 수반되는 값비싼 포토샵 프로그램의 사용을 최소화할 수 있게 되어 제작 비용(production cost) 절감이 가능해지며, AI를 활용하여 단순히 제품, 광고 모델, 배경 등을 교체하여 마치 새 광고와 같은 느낌을 소비자에게 제공함으로써 적은 비용으로 많은 수의 광고를 신속하게 제작할 수 있게 된다. 또한 소비자 개개인의 선호나 특성을 반영한 맞춤형 광고 제작도 가능해져 초개인화 마케팅(hyper-personalization)에도 많은 효과를 가져다 줄 수 있다(Campbell et al. 2022; Goldfarb and Tucker 2011). 하지만 합성 조작은 마케터에게 혜택 뿐만 아니라 잠재적 위험을 가져다 주기도 한다. AI를 활용한 광고 조작은 제품이나 서비스에 대한 오보(misinformation)를 소비자에게 제공할 수 있으며, 브랜드에 대한 진정성(authenticity)에 위협을 가할 수 있다(Vosoughi, Roy, and Aral 2018). 예를 들어, 최근 미국에서는 유명 여배우들이 딥페이크 기술을 이용하여 조작된 음란 광고로 인한 피해를 호소하고 있다. 미국의 한 IT기업이 자사의 딥페이크 앱을 홍보하기 위해 엠마 왓슨(Emma Watson)과 스칼렛 요한슨(Scarlett Johansoon)의 얼굴을 음란물 여배우와 합성한 음란 광고를 제작하여 페이스북(Facebook)과 인스타그램(Instagram) 등과 같은 소셜미디어 플랫폼에 게재하였다(조선일보 2023).

광고를 살펴보면, 엠마 왓슨을 닮은 여성이 출연해 성적 행위를 하

그림 3. 딥페이크 기술을 이용한 음란물에 합성된 엠마 왓슨 얼굴

는데, 해당 여성은 엠마 왓슨이 아니며, 딥페이크 기술을 이용하여 여배우 얼굴에 엠마 왓슨의 얼굴을 합성한 것이다. 이렇게 조작된 광고는 광고 모델로서의 배우 이미지 뿐만 아니라 해당 배우가 출연하는 광고를 지원하는 타사 기업의 브랜드 이미지에 부정적 영향을 미칠 우려가 있으며, 광고를 시청하는 소비자에게 혼란과 분노를 유발시킬 수 있다. 또한 최근 상당수의 기업이 동종 업계에서 경쟁하는 하이엔드(high-end) 경쟁사의 광고를 AI를 활용하여 모방한 뒤 해당 광고에 등장하는 메시지를 조작하여 유사하면서도 마치 다른 광고인 것처럼 제작하는 사례가 증가하고 있다. 이러한 시도는 하이 엔드(high-end) 경쟁사가 많은 비용과 노력을 들여 제작한 광고의 창의성을 훼손시킬 가능성이 있으며, 광고 효과에 악영향을 미칠 수 있다. 따라서 디지털 광고에서 AI를 활용한 딥페이크 기술이 남용된다면 장기적으로 소비자는 광고에서 등장하는 메시지나 기업의 이미지에 의구심을 갖게 되며, 광고에 대한 신뢰성이 크게 저하될 가능성이 있다.

3. 소비자 프라이버시(privacy) 침해 우려

1) 인공지능을 활용한 디지털 광고 영역

인공지능은 사업을 전개하고 발전시켜 나가는 과정에서 사용되고 있으며, 특히 소비자 행동을 식별하고 분석하기 위해 빅 데이터를 사용함에 있어 핵심 기술로 자리잡고 있다. 마케터들이나 기업가들은 빅데이터를 활용함에 있어 인공지능의 도움을 받아 소비자 행동을 보다 깊게 이해할 수 있게 되었고, 이를 반영하여 소비자 개인 선호를 고려한 맞춤형 솔루션 개발이 용이해지고 있다. 기계학습(machine-learning)을 근간으로 하는 'Google Assistant'나 Amazon의 큐레이션(curation) 서비스는 인공지능이 디지털 사업 환경을 어떻게 변화시키고 있는 가를 보여주는 좋은 예라고 할 수 있다. 특히 디지털 광고 영역에서 인공지능은 사람의 역할을 대신하여 수행함으로써 이제는 인공지능을 빼놓고서는 고객과의 효과적인 커뮤니케이션을 이야기 하기 어렵게 되고 있다. 인공지능은 고객의 행동 데이터를 분석함으로써 고객의 의사결정 과정에 대한 올바른 판단 기준을 제시해주며 구매 동기나 목적에 부합하는 개인화된 광고에 소비자를 노출시킴으로써 보다 효과적인 광고 캠페인 개발을 가능케 하고 있다(Bara, Pokrovskaia, Ababkova, Brusakova, and Korban 2022). Bara와 그의 동료들은 최근 연구(2022)에서 인공지능을 활용한 디지털 광고 영역을 예측 분석(predictive analysis), 웹 디자인(web design), 콘텐츠 큐레이션(content curation), 이메일 광고(e-mail advertising campaign), 향상된 음성 검색(improved voice search) 등으로 분류하고 있다. 이 중에서 소비자들이 자주 접하는 영역은 예측 분석과 콘텐츠 큐레이션이라고 볼 수 있다.

예측 분석(predictive analysis)은 인공지능을 사용하여 과거에 고객이 웹사이트에 방문하여 상호작용한 행동들을 통계적 모형의 개발을 통하여 분석하고 미래의 행동을 예측하는 기법을 의미한다. 이를 바탕으로 마케터들은 고객이 선호하는 가격, 프로모션, 또는 이탈이 발생하는 접점을 파악하여 고객 유보율을 강화시킬 수 있게끔 광고 캠페인을 수정할 수 있다. 예측 분석을 위해 마케터는 온라인상에서 발생하는 고객의 행동을 데이터로 수집하게 되는데 이를 위해 활용되는 디지털 광고를 '온라인 맞춤형 광고(online behavioral advertising, OBA)'라고 일컫는다(Aiolfi, Bellini, and Pellegrini 2021). 온라인 맞춤형 광고는 주로 사용자의 행동을 관찰(monitoring)하고 추적 조사(tracking) 함으로써 사용자의 니즈나 구매 동기를 유추하여 사용자 개인에게 특화되고 적합한 메시지를 전달할 수 있도록 만들어 줄 수 있다(Boerman, Kruikemeier, and Zuiderveen Borgesius 2017). 미국의 경우 연방거래위원회(Federal Trade Commission, FTC)가 2007년 발간한 보고서(FTC 2007)에서 온라인 맞춤형 광고를 "개별 소비자의 관심에 부합하는 광고를 제공하기 위하여 소비자의 검색 이력, 방문 웹페이지 및 콘텐츠를 포함한 소비자의 온라인 활동 내용을 추적하는 관행"으로 정의하였으며, 우리나라의 경우 2017년 방송통신위원회(이하 '방통위')가 발간한 '온라인 맞춤형 광고 개인정보보호 가이드라인'(방통위 2017)에서 온라인 맞춤형 광고를 "행태정보를 처리하여 이용자의 관심, 흥미, 기호 및 성향 등을 분석 추정한 후 이용자에게 맞춤형으로 제공되는 온라인 광고"로 정의하고 있다.

온라인에서 사용자의 행동을 추적(tracking)하게 되면 마케터는 사용자가 어떤 브라우저를 사용하여 기업 웹사이트에 접속하였는지, 언제 접속하여 얼마만큼의 시간동안 웹사이트에서 정보를 수집하였는지, 언제 웹사이트를 떠났는지, 웹 사이트에서 제공하는 각각의 웹 페이지에서 어떤 상호작용(예를 들어 회원가입, 뉴스레터 신청 등록, 동영상 재생 등)을 하였는지, 어떤 웹 페이지를 주로 선호하는 지, 어떤 유형의 제품이 최종 구매까지 이어지는지 등에 대한 정보를 바탕으로 소비자의 의사 결정 과정이나 정보 처리 과정에 대해 자세히 이해할 수 있다(Guo and Sismeiro 2020). 이러한 행동 추적 데이터를 통하여 마케터들은 사용자의 행동적 특성이나 선호를 반영하여 맞춤형 타깃 광고(target advertising)를 잠재 고객에게 노출시킬 수 있게 된다. 타깃 광고는 사용자가 읽은 콘텐츠나 시청한 동영상의 내용, 검색 엔진에서 사용한 검색어, 과거 검색 내역(search history), 앱(app) 사용 정보, 구매 내역 등의 데이터를 종합하여 특정 브랜드나 제품에 관심을 가지고 있거나 강한 구매 동기를 지니고 있어 향후에 제품이나 서비스 관련 정보를 검색할 계획을 지닌 잠재 고객을 표적집단으로 선정하여 광고 메시지를 전달하게 된다(Lamberton and Stephen 2016; Sahni, Narayanan, and Kalyanam 2019). 타깃 광고를 사용하기 위해 필요한 사용자 행동의 추적이 이루어지기 위해서는 광고가 노출되는 웹사이트에 픽셀(pixel)이라는 코드 요소를 설치하는 절차가 선행되어야 한다. 사용자가 웹사이트를 열게 되면 코드는 특정 웹사이트 방문시 로그인 정보를 저장하여 추후에 자동으로 제공할 수 있는 '쿠키(cookies)'를 사용자의 브라우저에 심게 되고 이후에는 사용자가 온라인에서 상호작용하는 행동들이 기록으로 남아 마케터가 타깃 광고를 위해 활용할 수 있게 된다(Aiolfi, Bellini, and Pellegrini 2021).

콘텐츠 큐레이션(content curation)은 특정 토픽(topic)과 관련 있는 정보를 수집(collecting)하고, 재조정(reorganizing)하며, 처리(processing)하는 일련의 과정을 의미한다. 대표적인 OTT서비스(over-the-top media service) 업체인 Netflix나 Youtube는 인공지능을 활용하여 큐레이션 서비스의 정확성을 증진시키는 것을 목표로 하고 있다. 큐레이션 서비스는 일반적으로 사용자의 관심, 선호, 이전의 사용 경험 등의 정보를 수집하고 분석하여 즉각적으로 반응을 나타낼 가능성이 높은 콘텐츠 위주로 사용자에게 추천하는 과정으로 이루어진다(강의영, 2007). 이 과정에서 인공지능은 표적고객의 개인 정보로 분류되는 제품 구매 기록, 사용 후기, 상품에 관한 개인적인 평가 내용 등을 데이터로 수집하여 고객간의 유사성을 분석한 후 표적고객과 유사한 특성이나 성향을 지니고 있는 사용자의 선호 콘텐츠를 최종 추천결과로 표적고객에게 제시하게 된다(정은주, 윤재영, 2020).

2) 소비자의 개인 프라이버시 침해 우려

이처럼 온라인 맞춤형 광고나 콘텐츠 큐레이션에 인공지능이 중요한 역할을 하고 있으나 이는 소비자로부터 획득 가능한 데이터가 존재하였을 때 가능한 얘기이다. 기업에게 소비자 행동 관련 데이터는 매우 중요한 자원임에 분명하지만 이와 같은 데이터를 획득하기 위해서는 소비자가 자발적으로 자신의 데이터를 내놓을 용기가 필요하다. 다수의 소비자들은 기업이 수익 창출의 목적으로 자신들의 사적인 정보를 데이터로 모아 사용하는 것에 대해 상당한 우려를 나타내고 있으며, 이러한 부정적인 반응은 광고 회피 등의 결과를 낳고 있다. 소비자들은 온라인에서 자신들의 행동을 기업이 데이터화 하는 것에 대하여 자신들의 프라이버시에 대한 침해로 인식하는 경향이 있다(Pallant, Pallant, Sands, Ferraro, and Afifi 2022). 소비자들이 자신의 사생활 보호에 대한 염려가 클수록 자신과 관련된 개인 정보 제공을 부정적으로 평가하게 되고 자신의 개인 정보 보호에 더 민감하게 행동한다. 이러한 프라이버시에 대한 우려는 AI를 활용한 디지털 데이터 주도형(data-driven) 광고에 대해 거부반응을 유발하는 주요 원인으로 작용하고 있으며, 사용자들은 디지털 광고에 대한 부정적 태도를 형성하게 된다(Sutanto, Palme, Tan, and Phang 2013).

소비자의 프라이버시 관련 연구에서는 프라이버시에 대한 우려

(privacy concern)를 개인 정보 사용에 따라 소비자가 경험하게 되는 불안함(anxiety)이라고 정의하고 있다(Smith, Dinev, and Xu 2011). 개인의 프라이버시란 다른 이들로부터 개인의 데이터를 보호하기 위한 욕구의 결과물이라고 볼 수 있으며, 특히 개인의 데이터가 자신의 아이덴티티를 직접적으로 드러내는 요소들 (예를 들어, 생년월일, 성적 취향, 사회적 지위, 거주 주소, 질병 관련 정보)을 포함하고 있는 경우 개인 정보를 매우 사적 (private)이라고 여기게 된다(Larson and Bell 1988). 소비자들이 기업과 친밀한 관계를 유지하는 경우에는 기업이 자신의 사업을 위해 고객의 데이터를 사용하는 것에 대해 크게 우려하지는 않는다. 하지만, 기업이 자신들의 이익만을 위해 데이터를 사용할 가능성이 높다고 판단되면 소비자들은 이를 프라이버시에 대한 침해로 간주하고 불안함을 느끼게 된다. 정보처리 관점에서 프라이버시에 대한 우려가 적당한 수준으로 존재하는 경우에는 데이터 사용이 제공할 수 있는 편익과 사적 정보의 보호를 비교하여 소비자 본인에게 보다 이득이 되는 방향으로 의사결정을 내리지만, 프라이버시 침해가 매우 우려되는 경우에 소비자들은 자신들의 개인 정보 보호를 위해 단순히 휴리스틱(heuristics)을 사용하여 데이터가 나의 편익을 얼마만큼 증진시켜 줄 수 있는지 여부를 충분히 생각하지 않고 바로 기업의 데이터 사용 요청을 거절해 버릴 수 있다. 따라서 개인이 인지하는 프라이버시 침해 수준은 데이터 제공 의도에 영향을 준다고 볼 수 있다(Plangger and Montecchi 2020).

3) 소비자 정보 제공과 사생활 보호의 상충(trade-offs) 관계

프라이버시와 관련되어 진행된 연구들을 살펴보면 소비자들은 일반적으로 프라이버시에 대한 염려가 클수록 자신을 보호하기 위해 정보제공에 보다 소극적인 태도를 나타내게 된다(김종기, 김상희, 2014). 프라이버시 연구 분야에서는 온라인상에서의 프라이버시 우려를 분석하는 연구들이 계속해서 진행되고 있다. 소비자의 행동 데이터 제공 여부는 소비자가 인지하는 편익(perceived benefits)과 위험 및 비용(perceived risks and costs)의 비교에 기인하게 된다(Plangger and Montecchi 2020). 즉, 소비자는 특정 서비스로부터 더 많은 편익을 얻고자 한다면 자신의 개인 정보를 제공하는 대신에 사적인 영역에 대한 침해로 인하여 발생하는 위험은 감수해야 하나, 만약 자신의 개인 정보에 대한 보호 차원에서 정보 제공을 거부한다면 소비자는 서비스 이용 제한과 같은 불합리함은 받아들여야 한다. 이처럼 소비자의 정보 제공과 관련한 편익과 위험은 상충(trade-offs)되는 관계에 놓이게 되는데, 이를 프라이버시 계산 이론(privacy calculus theory)라고 일컫는다(김종기, 김상희, 2014). 프라이버시 계산(privacy calculus) 관점에서 소비자는 자신의 정보를 제공함으로써 획득 가능한 편익과 정보가 공개됨에 따라 발생할 수 있는 위험 간의 관계를 비교하여 편익이 위험보다 최소한 같거나 클 때 개인 정보를 제공할 마음을 먹게 되며(Li, Sarathy, and Xu 2020), 이와 같은 행동은 현재의 노력으로 인한 미래에 발생할 성과를 긍정적으로 예상하고 좋은 성과는 보상이라는 결과물을 가져다 줄 것이라는 주관적 평가에 기인하는 기대이론(Expectancy Theory)를 근간으로 하고 있다(Vroom 1964).

프라이버시 계산이 프라이버시 염려를 고려함에 있어 중요한 부분을 차지하고 있지만, 소비자들은 항상 데이터 프라이버시 계산에 관해 일관된 행동을 나타내고 있지는 않다. 예를 들어, 데이터 제공에 있어 보다 높은 수준의 프라이버시 관련 잠재 위험을 인지하는 소비자들 중에서도 의외로 기꺼이 개인 정보를 제공하는 경우가 있다. 또한 특정 유형의 소비자의 경우 보다 높은 수준의 보상을 기대하며 개인 정보를 제공하면서도 한편으로 자신의 정보에 대한 침해 우려를 나타내기도 한다(Pallant et al. 2022). 따라서 소비자의 성향이나 인구통계학적 특성에 따라 편익과 위험의 상충 관계를 다르게 인식한다고 볼 수 있다. 예를 들자면, 소비자의 연령대가 낮을수록 높은 연령대의 소비자들보다 개인 정보 제공에 더 편함함을 느끼며 정보 제공으로부터 얻을 수 있는 편익에 대해 더 높은 가치를 부여하는 경향이 있다(Auxier, Rainie, Anderson, Perrin, Kumar, and Turner 2019). 하지만 소비자들 중에서 위험회피성향이 강하게 나타나는 사용자의 경우 종종 OBA를 사생활 침해적이고, 짜증을 유발하며, 광고몰입을 방해하는 형태의 광고로 인식한다. 특히 광고를 통하여 개인적인 데이터를 수집하고 있다는 사실을 제대로 통보(inform)받지 못 한 사용자일수록 OBA를 부정적으로 판단하여 의도적으로 회피하게 된다(Moore, Moore, Shanahan, Mack 2015). 최근의 연구도 이를 뒷받침하여 주는데, Aiolfi와 그의 동료들은 그들의 연구(2021)에서 광고를 OBA로 인지한 응답자들은 광고의 투명성을 인식하고 OBA 메시지를 긍정적으로 받아들였으나, OBA로 인지하지 못한 응답자들은 광고를 통한 개인정보 수집에 불편함을 느꼈으며, 프라이버시 보전에 대해 취약하다는 점을 인식하였음을 발견하였다. 이와 같은 소비자의 프라이버시 침해에 대한 우려는 AI를 활용한 디지털 광고 회피를 가속화 시킬 수 있으며, 기업의 소비자 행동 데이터 확보를 통한 타깃팅 광고 전략에도 부정적인 영향을 미칠 수 있다. 이 때문에 애플과 구글 같은 글로벌 IT기업들은 개인정보 보호정책을 강화시킴으로써 소비자의 우려를 완화하는 노력을 지속적으로 기울이고 있다.

그림 4. 애플과 구글 주요 개인정보 보호정책 (출처 : 매일경제)

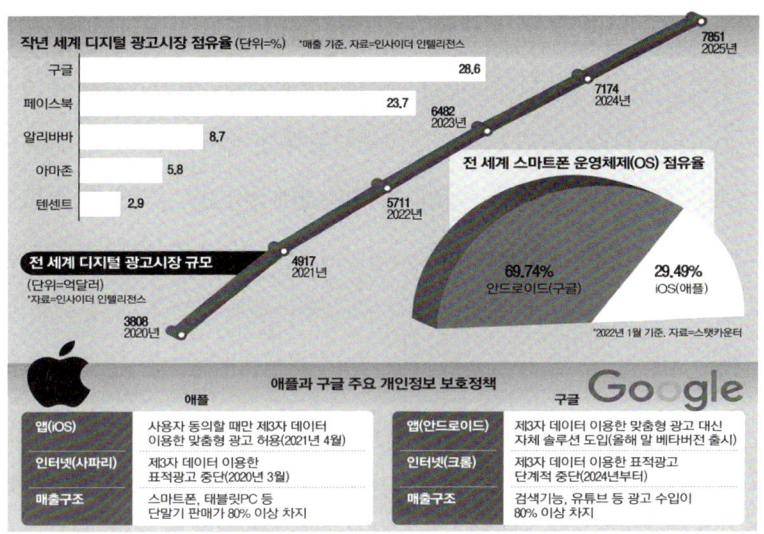

4. AI 추천 알고리즘의 편향성

Youtube의 최고 제품 책임자(Chief Product Officer)인 Neal Mohan의 인터뷰(2019)에 따르면 Youtube 콘텐츠 시청의 70%가 추천 알고리즘에 의해 이루어지고 있다고 한다. 즉, 유튜브 사용자들이 알고리즘에 의한 추천 영상을 보는데 전체 시청 시간의 70%를 사용하고 있는 것이다. AI 알고리즘에 기반하여 타깃 광고를 노출시킬수록 사용자들도 추천된 광고를 더 많이 시청하게 되며 이에 따라 광고 효과도 더 커지게 된다. AI가 본격적으로 여러 분야에서 도입되면서 다수의 디지털 플랫폼에서 사용자의 선호나 취향을 반영하여 가치 제안을 하는 AI 추천 알고리즘이 환영받고 있다. AI 추천 알고리즘의 기본적인 메커니즘은 사용자에 맞춤형 콘텐츠를 추천하는 방식으로 하루에도 엄청난 분량의 새로운 정보가 쏟아져 나오는 시대에서 소비자가 합리적으로 정보를 처리하여 의사 결정을 내리는데 필수적인 요소가 될 수밖에 없다.

하지만 AI 추천 알고리즘을 이용하다보면 사용자의 선호를 기반으로 정보가 맞춤형으로 형성되어 제공이 되기 때문에 사용자 자신의 취향을 반영한 콘텐츠에만 계속적으로 노출이 이루어지며 자신과 공통적인 특성을 지닌 사람들을 중심으로 의사소통을 하게 되는 에코 챔버(echo chamber) 현상이 나타나게 된다(김승현, 김시원, 안정민, 2022). 에코 챔버란 원래 방송 녹음이 이루어지는 경우 소리의 잔향 효과를 증폭시키기 위해 설치된 사방이 막힌 공간을 의미한다. 위키피디아(2023)에서는 에코 챔버를 "정보를 이용하는 이용자가 갖고 있던 기존의 신념이, 닫힌 체계로 구성된 커뮤니케이션에 의해 증폭·강화되어, 같은 입장을 지닌 정보만 지속적으로 되풀이하여 수용하는 현상을 비유적으로 나타낸 말"로 정의하고 있다. 사용자의 행동과 관련된 데이터가 누적될수록 AI는 사용자가 무엇을 선호하는지에 대해 정확한 파악이 가능해지며, 더욱 정교하게 그에 상응하는 콘텐츠를 중심으로 필터링하여 사용자에게 노출시키게 된다(김승현, 김시원, 안정민, 2022). Youtube CPO인 Neal Mohan은 이를 '토끼 굴(rabbit hole)'에 빠지는 현상에 비유하였는데, 사용자의 선호를 반영한 알고리즘은 사용자들이 자주 보는 콘텐츠와 유사한 내용의 영상들 위주로 추천하게 되며 이 때문에 사용자들은 비슷한 영상만을 반복 시청하게 되는 것이다. 유튜브의 경우 AI 추천 알고리즘은 콘텐츠의 내용, 콘텐츠 소비 시간, 조회수의 증가 속도, 새로운 콘텐츠의 업데이트 빈도 수 등을 종합적으로 고려하도록 설계되어 있다. 따라서 AI알고리즘에 의해 추천되는 영상은 사용자들로부터 더 많은 조회수와 좋아요 수를 얻을 수 밖에 없으며, 이 때문에 콘텐츠 크리에이터들은 자신들의 영상을 더 많은 사용자들에게 노출시키기 위해 알고리즘에 의해 추천받을 수 있는 내용의 콘텐츠 위주로 제작하게 된다(오세욱, 송해엽, 2019).

이와 같은 AI추천 알고리즘은 온라인 상에서 사용자의 행동을 데이터로 축적하고 이를 기반으로 사용자의 관심과 일치하는 정보만을 맞춤형으로 추천하게 되며, 이에 따라 사용자 본인의 의지와 상관없이 알고리즘에 의해 필터링 되는 정보에만 노출되는 '필터버블(filter bubble),' 현상을 야기시킨다. '필터버블'은 일반 소비자들로 하여금 AI 추천 알고리즘을 무조건적으로 받아들이게 만들이는 확증편향을 강화시키며 본인이 알고리즘을 통해 접하게 되는 콘텐츠와 반대되는 내용을 담은 정보는 오류가 담긴 정보로 치부해 버리게 된다. 이에 따라, AI 추천 알고리즘은 사용자의 취향을 반영한 콘텐츠만을 제공함으로써 사용자의 만족을 증가시킬 수 있지만, 동시에 사용자 본인의 판단에 따라 콘텐츠를 선택할 수 있는 기회를 박탈할 수도 있다(김승현, 김시원, 안정민, 2022). 결국 콘텐츠 크리에이터가 공을 들여 콘텐츠를 제작한다 하더라도 AI 추천 알고리즘에 해당 콘텐츠가 부합하지 못하는 경우에는 사용자의 취향을 반영하지 않는 정보로 분류될 가능성이 높으며, 이에 따라 사용자에게 노출될 수 있는 경로를 원천적으로 차단당할 수 밖에 없다. 즉, AI 추천 알고리즘에 의해 필터링 되느냐의 여부가 기업 광고의 효과에도 영향을 미치게 된다. 이렇듯 AI 추천 알고리즘에 의한 '필터버블' 현상은 소비자의 본능적인 다양성 추구 (variety-seeking) 행동에 제약을 가하게 되며, 소셜미디어 상에서 나타나는 콘텐츠에 대한 인게이지먼트(조회수, 좋아요 수, 댓글 수 등)가 소비자에 의해 자발적으로 이루어진 진정성 있는 반응인지 아니면 단순히 콘텐츠가 노출되었기 때문에 발생한 단발성 반응인지를 식별함에 혼란을 가중시킬 수 있다.

그림 5. 인공지능 편향 사례 (출처 : 뉴스핌)

분야	내용
챗봇	마이크로소프트가 선보인 딥러닝 기반 챗봇은 일부 이용자들에 의해 인종차별, 욕설 등을 학습하며 서비스가 시작되고 16시간 만에 운영 중단
채용	아마존이 개발한 AI 채용프로그램은 여성적 어휘를 사용한 지원자를 차등적으로 판단 IT 산업에서 남성 비중이 높았던 과거 데이터를 그대로 학습한 결과
신용/대출	애플과 골드만삭스가 출시한 신용카드 애플카드는 성별에 따라 신용한도 차별 적용
의료 서비스	연간 2억 명이 이용하는 미국 의료시스템에서 인종차별. 과거 병력 및 건강진단 결과 등 잠재적인 건강위험을 예측해 질병 가능성이 높은 사람에게 우선적으로 의료 서비스를 제공하는 시스템은 고액 치료를 받지 못하는 흑인환자를 차별

5. 끝맺는 말

브랜드나 제품에 대한 긍정적 평가나 높은 수준의 구매의도를 촉진시키기 위해 AI기반의 디지털 광고의 활용은 앞으로도 지속적으로 이루어질 것으로 예상된다. 하지만 딥페이크 기술의 남용, 개인 정보 침해의 우려, 인공지능의 편향 등으로 인해 소비자들은 아직까지 AI 기술에 대한 확신을 갖지 못 하고 있으며, 이는 디지털 광고의 발전에 제약 요인으로 작용하고 있다. 그러나 AI 기술에 대한 법적 보호 장치의 마련과 사회적 인식의 변화가 선행된다면 제약 요인을 극복할 수 있는 새로운 방안을 모색해 볼 수 있을 것이다. 딥페이크 기술의 경우 조작의 남용을 방지할 수 있는 법적 보호가 마련된다거나 딥 페이크로 인한 조작이 이루어지지 않은 원본 콘텐츠가 적시에 제공될 수 있다면 브랜드 매니저나 광고 기획자들에게 더 많은 창작의 기회를 보장해 줄 수 있으리라 판단된다. 또한 개인 정보 프라이버시 보호의 경우 기업이 솔선수범하여 수집된 사용자의 행동 데이터가 어떤 목적을 위해 사용되는지와 축적된 데이터가 사용자에게 어떤 편익을 제공해 줄 수 있는지를 투명하게 밝힌다면 브랜드와 소비자 간의 신뢰가 구축될 수 있으며 고객 충성도를 증대시킬 수 있을 것이다. 끝으로 인공지능의 편향의 경우 데이터셋과 AI를 결합하여 편향성이 존재하는가를 검증하고 발견되는 경우 이를 완화할 수 있는 인공지능 모델의 개발이 이루어지게 되면(이예나, 최효경, 김명주, 2019) 사용자는 보다 다양한 콘텐츠를 이용할 수 있게 될 것이다.

참고문헌

강의영. (2007). 하이브리드 필터링 기반 개인화된 추천 프레임워크의 개발 및 적용 (Doctoral dissertation, 제주대학교 교육대학원).

김승현, 김시원, & 안정민. (2022). AI 추천 알고리즘 편향성과 규제에 관한 연구. 정보통신정책연구, 29(2), 111-144.

나현준, 황순 & 김대은. 구글 "개인정보 무단활용 차단……'광고비중 90%' 메타 또 충격. 매일경제. 2022년 2월 16일

박선민, 소셜미디어에 등장한 유명 배우의 음란 광고…알고 보니. 조선일보. 2023년 3월 9일.

방통위. (2017). 온라인 맞춤형 광고 개인정보보호 가이드라인.

오세욱, 송해엽. (2019). 유튜브 추천 알고리즘과 저널리즘. 한국언론진흥재단.

위키피디아. (2023). 에코 챔버 효과 (Echo Chamber Effect).

이예나, 최효경, & 김명주. (2019). 인공지능 편향성 완화를 위한 효과적인 접근방법 및 기술동향. 한국정보과학회 학술발표논문집, 981-983.

정윤영. AI의 '엉뚱한' 추천 알고리즘, 왜?. 뉴스핌. 2020년 9월 23일

정은주, & 윤재영. (2020). OTT 인공지능 큐레이션 서비스에 대한 사용자 경험 연구. 기초조형학연구, 21(6), 565-578.

최창욱, & 정유미. (2022). 국내외 언론이 바라본 딥페이크 기술. Journal of Digital Contents Society, 23(5), 893-904.

최창욱, 정유미, & 김정환. (2022). 텍스트마이닝을 활용한 딥페이크 기술에 대한 담론 분석. 한국통신학회논문지, 47(6), 870-881.

Aiolfi, S., Bellini, S., & Pellegrini, D. (2021). Data-driven digital advertising: benefits and risks of online behavioral advertising. International Journal of Retail & Distribution Management, 49(7), 1089-1110.

Auxier, B., Rainie, L., Anderson, M., Perrin, A., Kumar, M., & Turner, E. (2019). Americans and privacy: Concerned, confused and feeling lack of control over their personal information.

Bara, B. A. H., Pokrovskaia, N. N., Ababkova, M. Y., Brusakova, I. A., & Korban, A. A. (2022, January). Artificial Intelligence for Advertising and Media: Machine

Learning and Neural Networks. In 2022 Conference of Russian Young Researchers in Electrical and Electronic Engineering (ElConRus) (pp. 8-11). IEEE.

Boerman, S. C., Kruikemeier, S., & Zuiderveen Borgesius, F. J. (2017). Online behavioral advertising: A literature review and research agenda. Journal of advertising, 46(3), 363-376.

Campbell, C., Plangger, K., Sands, S., & Kietzmann, J. (2022). Preparing for an era of deepfakes and AI-generated ads: A framework for understanding responses to manipulated advertising. Journal of Advertising, 51(1), 22-38.

Federal Trade Commission. (2007). Online behavioral advertising: Moving the discussion forward to possible self-regulatory principles. Retrieved June, 14, 2008.

Goldfarb, A., & Tucker, C. (2011). Online display advertising: Targeting and obtrusiveness. Marketing Science, 30(3), 389-404.

Guo, B., & Sismeiro, C. (2020). Between click and purchase: predicting purchase decisions using clickstream data. In Advances in Consumer Research (Vol. 47, pp. 608-609). Association for Consumer Research.

Katie Balevi. A face-swapping app shows how easily deep fake tech can be used as a 'weapon' against women. Business insider. Mar 18, 2023

Kevin Roose. YouTube's Product Chief on Online Radicalization and Algorithmic Rabbi Holes. New York Times. March 29th, 2019.

Kietzmann, J., Lee, L. W., McCarthy, I. P., & Kietzmann, T. C. (2020). Deepfakes: Trick or treat?. Business Horizons, 63(2), 135-146.

Lamberton, C., & Stephen, A. T. (2016). A thematic exploration of digital, social media, and mobile marketing: Research evolution from 2000 to 2015 and an agenda for future inquiry. Journal of marketing, 80(6), 146-172.

Larson, J. H., & Bell, N. J. (1988). Need for privacy and its effect upon interpersonal attraction and interaction. Journal of Social and Clinical Psychology, 6(1), 1-10.

Li, H., Sarathy, R., & Xu, H. (2010). Understanding situational online information disclosure as a privacy calculus. Journal of Computer Information Systems, 51(1), 62-71.

Moore, R. S., Moore, M. L., Shanahan, K. J., & Mack, B. (2015). Creepy marketing: Three dimensions of perceived excessive online privacy violation. Marketing Management, 25(1), 42-53.

Oxford Internet Institute. (2023). 생성적 적대 신경망(GANs). 서로 경쟁하면서 학습하는 두 개의 AI 시스템.

Pallant, J. I., Pallant, J. L., Sands, S. J., Ferraro, C. R., & Afifi, E. (2022). When and how consumers are willing to exchange data with retailers: An exploratory segmentation. Journal of Retailing and Consumer Services, 64, 102774.

Plangger, K., & Montecchi, M. (2020). Thinking beyond privacy calculus: Investigating reactions to customer surveillance. Journal of Interactive Marketing, 50(1), 32-44.

Rust, R. T., & Oliver, R. W. (1994). The death of advertising. Journal of advertising, 23(4), 71-77.

Sahni, N. S., Narayanan, S., & Kalyanam, K. (2019). An experimental investigation of the effects of retargeted advertising: The role of frequency and timing. Journal of Marketing Research, 56(3), 401-418.

Saleh, B., Abe, K., Arora, R. S., & Elgammal, A. (2016). Toward automated discovery of artistic influence. Multimedia Tools and Applications, 75, 3565-3591.

Smith, H. J., Dinev, T., & Xu, H. (2011). Information privacy research: an interdisciplinary review. MIS quarterly, 989-1015.

Sutanto, J., Palme, E., Tan, C. H., & Phang, C. W. (2013). Addressing the personalization-privacy paradox: An empirical assessment from a field experiment on smartphone users. MIS quarterly, 1141-1164.

Vosoughi, S., Roy, D., & Aral, S. (2018). The spread of true and false news online. science, 359(6380), 1146-1151.

Vroom, V. H. (1964). Work and motivation.

PART 04

AI 기반 디지털 광고 전략의 현실적 활용방안

GCC 시대에 따른 디지털 광고의 새로운 STP 전략
민병운

●

인공지능과 디지털 광고의 미래 - 파괴, 확장, 그리고 경험
윤도일

●

AI를 활용한 디지털 광고의 미래 전략
조준혁

GCC 시대에 따른 디지털 광고의 새로운 STP 전략

민병운

　기존 디지털 광고는 소비자 여정에 따른 성과 측정과 지표 관리에 중점을 둔 퍼포먼스 광고와 프로그래매틱 광고 중심으로 전개되어 왔다. 그런데 챗GPT를 비롯한 다양한 생성형 AI가 등장하면서 AI가 콘텐츠 제작까지 관여할 수 있게 되었다. 그래서 콘텐츠 시장에서는 과거 UCC(User Created Contents)가 시장을 주도했던 것과 같이 GCC(GPT and User Created Contents)의 시대가 도래했다는 말도 나온다. GCC 시대의 특징은 콘텐츠 제작 시간이 획기적으로 줄어들 수 있다는 것과 다양한 시도를 한 번에 할 수 있다는 점이다. 즉, 기존 디지털 광고에 '속도와 효율'이라는 관점이 더해졌다. 여기에 한 가지 더한다면 보다 정교한 소비자 세분화와 서비스 및 광고 추천이 가능해졌다는 것이다. 이런 변화의 흐름을 반영한 것이 새로운 STP 전략이고, 그 전략의 핵심 키워드는 스킨십(skinship), 타이밍(timing), 핀셋(pincette) 등이다.

1. 스킨십 전략

스킨십(skinship) 전략이란 소비자의 감정을 읽고 그에 따른 대응을 친밀하게 함으로써 소비자의 신뢰와 호감을 얻는 것이다. 구체적으로 기업과 브랜드에 대한 소비자 감정분석에 따라 긍정적 감정을 유발할 수 있는 포인트를 잡고, 그 긍정적 감정을 극대화할 수 있는 대응 방안이나 콘텐츠를 도출하는 전략이다. 이제 AI가 소비자 감정분석, 심지어 '이모티콘 감정분석'에 이은 솔루션까지 도출하는 것이 가능해지자 스킨십 전략이 대두되기 시작했다. 여기에 생성형 대화가 가능한 챗봇이 소비자 대응을 친밀하게 할 수 있게 되면서 스킨십 전략의 활용도 역시 높아졌다.

이를 대표하는 방법론이 오피니언 마이닝(opinion mining)이다. 즉, 코로나19 이후에도 국가 간 갈등, 개인 간 갈등이 첨예해지면서 초갈등의 시대가 이어지고 있다. 그렇기 때문에 기업과 브랜드에 대한 감정분석에 따라 긍정적 감정을 유발할 수 있는 포인트를 잡고, 그것을 전략적으로 활용하는 것이 중요해졌다. 그것이 오피니언 마이닝인데, 이는 웹이나 SNS 등에 나타난 여론과 의견 등의 텍스트를 분석해 사람들의 감정과 의견을 객관적 정보로 바꾸는 AI 기술이다. AI를 활용한 오피니언 마이닝을 이용하면 구매 후기, 상품 평가, 사용 리뷰 등 정량화하기 힘든 텍스트 데이터에서 유용한 객관적 정보를 추출할 수 있고, 그에 따른 광고 전략을 수립할 수 있다(김광우, 2022. 1. 21.).

그런데 최근 AI 기술이 보다 발전하면서 웹이나 SNS 등에 나타난 댓글 등을 분석하는 것에서 나아가 소비자의 얼굴 정보, 얼굴 표정 정보, 얼굴 혈류량, 홍채 인식 정보 등을 활용한 감정분석도 가능해지기 시작했다. 대표적으로 '파이브웍스'라는 감정인식 모듈 스타트업은 안면 및 감정인식 AI를 활용하여 실시간으로 사용자의 감정 상태 정보를 파악하고, 다양한 솔루션을 제공하고 있다. 예를 들어 파이브웍스의 모듈을 대학교에 적용한다면 학생들의 면접 상황에서 표정을 분석하는 영상 인식 모듈을 통해 면접자의 기분을 분석하여 적절한 피드백을 줄 수 있고, 진학 정보 및 직업 추천도 가능하다. 이런 추천 프로세스가 가능하다는 것은 소비자의 감정 상태에 맞는 광고 제안도 가능하다는 뜻이다.

즉, 스킨십 전략의 핵심은 감정분석이다. 그동안 감정분석을 하려면 소셜 미디어 데이터에 의존했어야 했다. 하지만 소셜 미디어 데이터 수집에 어려움을 겪게 되고, 한편으로는 데이터 오염이 발생하면서 소셜 미디어 데이터만으로 소비자의 감정분석을 하기 어려워졌다. 하지만 AI 기술을 바탕으로 다양한 접점을 통해 소비자 감정분석이 가능해지자 기존 감정분석의 한계를 극복하게 된 것이다. 그리고 다양한 접점을 통해 AI가 감정분석을 함으로써 소비자 친화적인 생성형 광고 콘텐츠를 노출시킬 수 있게 되었다.

그러다 보니 스킨십 전략은 헬스 커뮤니케이션에서 활용도가 높다. 예를 들어 AI가 감정을 분석하는 스타트업인 '인디제이'는 스마트폰이나 커넥티드카(connected car)에 있는 센서를 통해 사용자의 운전 습관, 운동 패턴, 생활 반경 등을 분석한다. 그래서 실시간 감정분석 기술을 통해 얼굴 표정, 맥박이 어떻게 변하는지 파악한다. 이를 병원에서 활용하면 환자의 감정 변화를 AI로 분석할 수 있고, 환자 입장에서도 객관적인 데이터를 통해 차도를 확인할 수 있어 만족도가 높아지게 된다. 즉 AI를 활용한 감정분석이 가능해지고 환자와 친밀한 스킨십이 가능해지자 '라포르(rapport)'가 형성될 가능성이 높아진 것이다. 이렇듯 AI의 감정분석을 통한 라포르 형성은 결국 제품과 소비자의 관계 형성에도 영향을 미쳐 광고 효과를 더욱 높일 수 있다. 인디제이는 이런 산업적 가능성을 인정받아 CES 2023에서 혁신상을 수상하기도 했다(김경은, 2023. 9. 12.).

그림 1. 인디제이 플랫폼 작동 방식 (출처 : 인디제이)

이렇게 AI를 활용한 헬스 커뮤니케이션이 가능해지자 애플은 AI로 감정을 분석하고, 맞춤형 건강관리를 해주는 서비스인 '쿼츠(Quartz)'를 개발하기 시작했다. 쿼츠는 사용자들이 운동할 동기를 유지하고, 식습관과 수면 패턴을 개선하는 기능을 목표로 개발되고 있다. 즉, 쿼츠는 애플워치에서 AI가 데이터 분석을 활용해 맞춤형 건강 컨설팅을 제공한다. 그리고 쿼츠에는 감정을 추적하고 관리하는 기능이 추가되어 사용자의 음성과 사용 단어만으로도 기분을 추론하는 알고리즘이 도입된다. 그리고 이에 따라 사용자의 감정에 맞는 다양한 콘텐츠를 제공하게 된다. 즉, AI를 활용한 감정분석 기반의 헬스케어는 소비자들의 '록인 효과(lock-in effect)'를 극대화할 수 있다(노유정, 2023. 5. 9.).

그림 2. 애플 AI 헬스 코치 'Quartz' (출처 : TechCrunch)

　이런 스킨십 전략은 고객 응대에 있어서도 매우 효과적이다. 예를 들어 최근 등장한 AICC(AI Contact Center)가 그것이다. AICC란 흔히 콜센터, 고객센터로 불리는 곳에 AI 기술을 접목한 고차원의 고객 응대 센터를 뜻한다. AI가 고객의 목소리를 통해 고객 감정을 분석하고, 그 고객이 편하게 대응을 받을 수 있는 다양한 나이대의 42가지 남녀 목소리 중 하나를 선택해 적용할 수 있다. 즉, 해당 기술을 통해 고객에게 더 자연스러운 목소리로 안내 시나리오 멘트를 전할 수 있다. AI 기술을 통해 업무 효율을 높이고 더 좋은 고객 경험을 제공할 수 있게 된 것이다(김강현, 2022. 8. 3.).

　고객 응대에 대한 효율적이고 효과적인 솔루션을 제공하는 것 역시 폭넓은 광고의 영역이라고 한다면 이와 같이 고객 감정분석을 통해 소비자의 기호를 읽고, 그들의 상황에 맞는 안내 목소리를 매칭시킬 수 있다는 점은 고객 만족도를 높이는 데에 큰 역할을 할 것으로 기대된다.

2. 타이밍 전략

최근 모든 비즈니스 변화의 핵심은 '신속함'이다. 빠른 변화에 따른 빠른 적응과 피봇(pivot)이 디지털 광고의 성패를 좌우하는 것이다. 그래서 디지털 광고 전략을 수립하고 실행하는 데에 있어서 속도가 매우 중요하고, 때로는 소비자 반응에 따라 디지털 광고를 신속하게 개선하고 업데이트해야 할 필요가 있다. 이런 배경에 따라 등장한 것이 타이밍(timing) 전략, 즉, 패스트버타이징(fastvertising)이다. 패스트버타이징은 빠른(fast) 광고(advertising)의 합성어로, 이슈를 하이잭(hijack)하고, 이슈가 꺼지기 전에 빠르게 광고를 내놓는 것이다. 즉, 현재 빠르게 확산되고 있는 이슈나 밈(meme)에 대한 소비자 관심이 정점에 달했을 때 그것에 빠르게 올라타서 광고를 내놓는 것이다.

예를 들어 주류 브랜드 '에비에이션 진' 광고가 대표적이다. 시작은 자전거 브랜드 펠로톤의 옥외 광고였다. 그 광고에서는 한 여성이 크리스마스 선물로 남편에게 펠로톤 자전거를 받는다. 그 자전거를 받은 여성은 1년 동안 운동해 살을 빼게 된다. 이 광고의 카피는 '되돌려 주는 선물(the gift that gives back)'이었다. 하지만 이에 대한 여론은 부정적이었다. 여성의 몸매는 선물이 아니고, 그렇기 때문에 이 광고는 성차별적이라는 것이다. 결국 이 광고로 펠로톤의 시가총액은 이틀 만에 약 1조 원어치가 날아갔다. 하지만 타이밍 전략 관점에서 이런 이슈는 빠르게 역이용할 수 있는 광고 소재가 된다.

즉, 이 논란 발생 5일 만에 에비에이션 진은 이 이슈를 활용한 광고를 내보냈다. 문제의 펠로톤 광고에 등장했던 아내 역할의 여성이 친구들과 함께 진을 마시고 "여긴 안전해(you're safe here)."라고 말한 것이다. 이 광고는 75시간 만에 유튜브 조회수 1,000만 뷰를 돌파했다. 그만큼 펠로톤 이슈가 뜨거웠기에, 에비에이션 진의 광고도 주목을 끈 것이다. 이런 타이밍 전략의 핵심은 순발력이다. 그리고 완벽보다 효율에 초점을 맞추는 것이다.

그림 3. THE GIFT THAT DOESN'T GIVE BACK 광고 (출처 : The Drum)

특히, 타이밍 전략에서 패스트버타이징 광고 이슈는 찾으면 365일 구실은 있다. 시즈널 이슈는 언제, 어디에나 있기 때문이다. 최근 민트 모바일 광고가 그렇다. 미국에서 매년 1월 1일은 퍼블릭 도메인 데이(public domain day)로 작품의 저작권이 소멸되는 날이다. 그래서 허가나 비용 부담 없이 상업적으로 특정 작품의 그림과 내용을 쓸 수 있다. 구체적으로 개인 저자 사후 70년, 법인 저작물 공표 후 95년, 법인 저작물 창작 후 120년 등 세 가지 중 가장 짧은 것이 적용된다. 이 기준에 따라 2022년 소설 '곰돌이 푸(Winnie-the-Pooh)'의 저작권이 만료됐다. 민트 모바일은 이 유명한 곰 모델을 공짜로 쓸 기회를 놓치지 않았다. 민트 모바일 광고 속 푸는 값비싼 이동통신 요금 때문에, 꿀통에 넣어둔 돈을 다 써버린다. 그런 푸에게 광고 주인공 크리스토퍼 로빈이 민트 모바일 3개월 무료 요금제를 추천한 것이다.

　패스트버타이징 광고에서는 다른 회사 기념일도 갖다 쓸 수 있다. 맥도날드는 2021년 단종됐던 '맥립 샌드위치'를 출시 40주년 기념으로 재출시했다. 그 때 에비에이션 진은 "미국인이 가장 좋아하는 맥립 샌드위치의 컴백을 축하합니다!"라며 '진 리블렛(Gin Riblet)'이란 칵테일을 만드는 영상을 내놓았다. '40주년 기념'이란 자막과 함께 토마토 주스에 바베큐 소스, 레몬즙을 짜넣고 에비에이션 진을 섞은 광고를 내보낸 것이다.

그림 4. McDonald's McRib got ad from Ryan Reynolds' Aviation Gin 광고

　이렇게 적절한 타이밍에 빠르게 제작하는 광고는 보통의 광고업계에서는 불가능한 일이었지만 이런 것이 가능한 배경에는 생성형 AI가 있었다. 생성형 AI를 통해 특정 타이밍에 맞춘 광고 제작이 빠르게 가

능해진 것이다. 즉, 카피라이팅, 이미지, 음악, 영상, 버추얼 모델 제작 등 광고 제작 프로세스 전반에서 생성형 AI의 역할이 커졌다. 예를 들어 AI 카피라이팅 서비스 '뤼튼(Wrtn)', AI 이미지 생성 서비스 '미드저니(Midjourney)', AI 작곡 플랫폼 '크리에이티브마인드(Creative-mind)', AI 광고 영상 생성 플랫폼 '브이캣(Vcat)', AI 버추얼 모델 제작 플랫폼 '이너버즈(Innerverz)' 등이 대표적이다.

그림 5. Heinz A.I. Ketchup 광고 (출처 : Campaigns of the World)

3. 핀셋 전략

AI가 활성화되면서 기존 세분화 전략에 더해 더 디테일한 소비자 접근이 가능해졌다. 즉, 전통적인 소비자 세분화 방식에는 인구통계학적, 심리적, 행동적 기준이 있었다. 그러나 AI의 등장으로 소비자 세분화의 정도가 더욱 정밀해졌다. AI는 대규모의 데이터를 빠르게 분석하며 소비자의 온라인 행동, 구매 패턴 그리고 반응까지도 파악할 수 있기 때문이다(이용호, 2023. 9. 13.).

이렇게 AI를 통해 아주 세분화된 소비자 분류를 하고 핀셋(pincette)처럼 맞춤 메시지, 이메일, 심지어 영상까지 만들어 보내는 전략이 핀셋 전략이다. 예를 들어 이미 만들어진 영상에 개별적인 음성이나 기타 요소를 통합해 발송할 수 있고, 수신자는 메일이 자신에게만 온 것처럼 느낄 수 있다. 사용자가 준비한 영상에서 고객 이름 부분을 AI가 채워줄 수 있기 때문이다. 그래서 이런 이메일, 영상을 광고 및 마케팅 솔루션과 통합할 수 있다.

그림 6. 매스 마케팅과 초개인화 마케팅 비교 (출처 : 코스콤 뉴스룸)

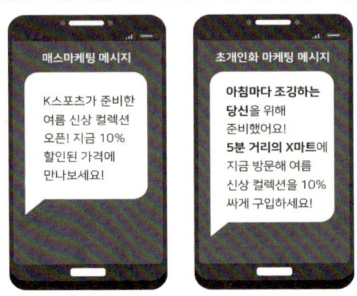

소비자는 온라인 활동을 하면서 다양한 정보를 남긴다. 기업은 스마트폰에 탑재된 ID, 회원 가입 시 입력한 정보, 웹브라우저 검색 기록 등을 통해 소비자의 이동 경로나 관심사를 파악한다. 이를 잘 파악하면 마케터는 누구에게 어떤 상품을 노출해야 잘 팔릴지 가늠할 수 있다.

이 과정에 AI를 적용하면 그동안 대중매체를 이용하던 과거보다 더 정확한 타겟 소비자에게 다가가 자사 제품과 서비스를 알릴 수 있다. 과거에는 리타겟팅처럼 단순히 제품이나 광고를 클릭한 사람에게 일정 시간 후에 다시 동일한 광고를 보여주는 정도였다. 하지만 이제는 AI를 통해 해당 광고에 관심을 보일 만한 소비자인지 먼저 파악하고, 더 세분화된 광고를 집행할 수 있다. 뿐만 아니라 기존 회원의 잠재수요를 파악해 상품을 추천하는 등 기업 매출을 위한 중요한 콘텐츠를 제안할 수도 있다.

일례로 일본의 온라인 부동산 기업인 '라이풀'은 기존 사업을 통해 임대인과 임차인, 이사를 계획한 사람, 부동산을 구매할 사람 등 부동산과 관련한 데이터를 갖추고 있었다. 라이풀은 AI를 통해 관련 데이터를 분석, 목표 소비자 설정, 광고 집행 등을 자동화했으며, 광고 셋업 및 실행에 걸리는 시간도 줄였다. AI 데이터 분석을 토대로 소비자에게 이사업체, 가구업체, 초고속 인터넷 등 이사 관련 기업의 맞춤 광고를 송출한 것이다. 라이풀의 광고를 본 소비자의 전환율은 PC에서는 88%, 모바일에서는 229% 개선되었다.

또한 국내 유명 패션 브랜드인 LF는 AI를 활용하여 고객들의 구매 기록을 기반으로 봄, 여름과 가을, 겨울 중 어느 시즌에 더 많은 구매가 이루어지는지, 어떤 시간대에 가장 많은 구매가 이루어지는지, 어떤 색상의 옷을 선호하는지 등을 파악하고 있다. 이러한 세분화를 바탕으로 LF는 가장 적합한 고객 집단을 대상으로 맞춤 광고나 프로모션을 진행한다. AI의 도움으로 그룹별로 개인화된 메시지나 제안을 보낼 수 있게 된 것이다. 이로 인해 광고의 효율성과 효과가 크게 향상되었다.

결국 디지털 광고에 있어 AI는 소비자를 분석해 과도하게 지출되는 광고 및 마케팅 비용을 최적화하고, 새로운 소비자 수요를 재빨리 찾아 시장을 확대하는 수단이다. 각 소비자 취향을 파악해 구매 전환율이 높은 소비자를 찾아내고, 이들이 반응할 최적의 제품과 서비스를 선정해 광고를 진행하면 비용 효율성을 높일 수 있다. 또한, 이미 확보한 소비자의 행동 양식이나 관심사를 바탕으로 추가 상품을 추천하거나, 이와 유사한 사용자를 추정해 신규 유입을 위한 캠페인을 진행할 수도 있다(김영우, 2020. 3. 25.).

한편 광고 업계는 AI를 기반으로 세분화된 소비자 니즈에 걸맞는 초개인화 시스템 마련과 함께 업무 효율까지 높일 수 있을 것으로 기대하고 있다. CJ는 소비자 성향에 맞춰 광고 카피를 자동으로 생성해 주는 '성향 맞춤 AI 카피라이터'를 업무에 도입했다. CJ AI센터에서 자체 개발한 엔진 기반 성향 맞춤 AI 카피라이터는 기본적인 프로모션 정보만 입력하면 마케팅 캠페인에서 사용할 카피 문구를 자동으로 생성, 고객의 성향에 최적화된 문구를 생성해 주는 프로그램이다. 예를 들어 이상적·감정적 성향의 고객에 대해선 대화체와 비유적 표현 방식의 문구를, 현실적·이성적 성향의 고객에 대해선 제품의 효과와 계량화된 정보를 부각한 문구를 제안하는 식이다. 마케터들은 이를 다양하게 조합 또는 변형해 앱 푸시, 이메일 제목 등에 활용할 수 있다.

롯데면세점의 'MAS(marketing automation system)'도 초개인화 마케팅을 위한 AI 활용의 예다. 롯데면세점은 기존에는 회원 등급과 출국 일정 등 기본 소비자 정보만을 반영해 이벤트를 안내했다. 반면 MAS 도입 이후 소비자가 그동안 구매했던 상품의 특성과 페이지별 체류 시간, 행사 반응률 등 세분화된 지표를 종합적으로 분석할 수 있게 됐다.

G마켓도 2023년 초 고객의 최근 행동 패턴을 기반으로 모바일 홈이 구성되도록 AI를 도입했다(안지예, 2023. 4. 10.).

특히, 핀셋 전략의 핵심은 AI를 통한 추천 분야이다. 이미 넷플릭스나 유튜브와 같은 플랫폼은 사용자의 시청 기록을 상세하게 분석하여 개인화된 콘텐츠 추천을 제공하고 있다. 즉, AI는 사용자의 행동 패턴, 구매 이력, 검색 기록 등을 통해 개인에게 최적화된 콘텐츠를 제공하는 '추천 시스템'을 구축하는 데 있어 핵심적인 역할을 한다(이용호, 2023. 9. 13.). 구체적으로 AI 기반 음악 서비스 스타트업 인디제이는 3차원(3D) 모델링 기법을 활용해 사용자의 상황뿐 아니라 감정까지 파악하고 이에 맞는 음악을 추천한다. 인디제이는 이용자 주변 데이터를 수집해 감정을 분석하고 맞춤형 음악을 제공하는 솔루션을 제공하는 것이다. 인디제이는 테슬라, BMW 등 세계적인 자동차 회사와도 활발히 협업하고 있다. 센서를 통해 차량 내·외부 환경을 분석하고 이에 맞는 음악을 추천하는 솔루션을 커넥티드카에 도입하기 위해 PoC(proof of concept)사업을 추진 중이다(김경은, 2023. 9. 12.). 이를 통해 음원 등 다양한 서비스를 제공할 수 있고, 때로는 소비자의 감정에 맞는 광고를 내보낼 수도 있다.

그러나 AI를 활용한 새로운 STP 전략에는 몇 가지 주의점이 있다. 첫째, 스킨십 전략에 있어서 과도한 개인화는 소비자에게 불편함을 줄 수도 있다. 소비자가 느끼는 개인의 선호만을 반영한 광고의 과도한 노출은 오히려 반발을 살 수 있기 때문이다. 그리고 AI의 추천은 다양성을 제한할 수 있다. 사용자가 지속적으로 특정 종류의 콘텐츠만을 추천받게 되면 새로운 콘텐츠나 다른 관점에 대한 접근이 제한될 수 있다. 부정확하거나 편향된 데이터는 잘못된 콘텐츠나 추천 결

그림 7 넷플릭스 추천 콘텐츠 화면 (출처: 코스콤 뉴스룸)

과를 가져올 수 있기 때문이다. 둘째, 타이밍 전략에 있어서 이슈를 하이잭하는 것에만 집중하다 보면 해당 제품과 서비스의 본질적인 가치를 훼손시킬 수 있다. 그리고 당장의 이슈와 밈을 활용하는 것은 지속가능한 광고로 자리매김하기 어렵다. 셋째, 핀셋 전략에서 AI를 활용한 세분화 광고는 고객 데이터의 보안과 개인정보 보호가 먼저 해결되어야 한다. 즉, AI 기술의 발전과 함께 고객의 정보를 안전하게 관리하는 방안도 동시에 고려해야 할 숙제로 부상하고 있는 것이다.

참고문헌

김강현 (2022. 8. 3.). AI ARS 상담콜, '고객 콜백 예약 기능' 선봬…인공지능 보이스 적용. 잡포스트.

김경은 (2023. 9. 12.). 미국서 러브콜 쇄도하는 K스타트업…"AI가 감정 분석해 음악 추천 하죠". 이데일리.

김광우 (2022. 1. 21.). 여론의 감성에 마케팅을 입힌다 '오피니언 마이닝'. 테크42.

김영우 (2020. 3. 25.). 온라인 마케팅에 인공지능 인사이트를 더하면? '애피어 AIXON(아 익슨)'. IT동아.

노유정 (2023. 5. 9.). "AI로 건강 코칭·감정 분석"…'애플 생태계' 헬스케어로 확장. 한국경제.

안지예 (2023. 4. 10.). 광고부터 개인화까지…유통가, 인공지능 활용 늘린다. 시사오늘.

이용호 (2023. 9. 13.). 인공지능 AI와 마케팅은 찰떡궁합이다. 한국강사신문.

Aisha Malik (2023. 4. 26.). Apple is reportedly developing an AI-powered health coaching service. TechCrunch.

Ann-Christine Diaz (2021. 11. 2.). McDonald's McRib got ad from Ryan Reynolds' Aviation Gin. Ad Age.

인디제이 홈페이지 https://www.indj.ai

코스콤 뉴스룸 홈페이지 https://newsroom.koscom.co.kr/

Campaigns of the World 홈페이지 https://campaignsoftheworld.com/

The Drum 홈페이지 https://www.thedrum.com/

인공지능과 디지털 광고의 미래
- 파괴, 확장, 그리고 경험

윤도일

1994년 Wired에 최초로 공개된 온라인 배너광고를 시작으로 인터넷이란 매체에서 광고가 사용되기 시작했다. 인터넷이란 새로운 매체의 등장으로 광고환경이 바뀌는데 걸리는 시간은 10-15년 정도였다. 전통적인 4대 매체로 불리우던 텔레비전, 신문, 잡지, 라디오가 광고 매체로서 소비자와 광고주의 관심에서 멀어지면서 편리성이 중심이 되고, 단순 광고를 넘어서 제품의 직접적인 구매까지 유도가 가능한 인터넷이 광고의 중심 매체로 부상하였다.

2007년 애플에서 아이폰이 출시되면서 스마트폰의 시대가 열리기 시작했고, 2000년대 중반부터 시작된 빅데이터 열풍이 이끌어낸 머신러닝과 인공지능의 부각으로 인해 광고환경은 또 다른 모습을 띄기 시작했다. 이 장에서는 생성형 인공지능과 같은 데이터 기술이 광고 산업에 미친 영향에 대해 알아보겠다.

1. 생성형 인공지능 시대의 도래

Statista의 자료에 따르면 넷플릭스가 백만 사용자를 확보하는데 걸린 시간은 3.5년이라고 한다. 페이스북은 10개월이 걸렸으며, 인스타그램은 2.5개월이 걸렸다. 반면에 생성형 인공지능인 ChatGPT는 백만 사용자를 확보하는데 걸린 시간은 단 5일이다. 이는 인공지능과 관련된 산업분야 뿐 아니라 일반 사용자들도 생성형 인공지능의 출현에 상당한 관심을 보이고 있다는 점을 보여주고 있다.

생성형 인공지능은 발전된 챗봇이라고 표현하기도 한다. ChatGPT가 소개되기 전에 소비자들은 각자의 스마트폰에 Siri 또는 Google Assistant라는 인공지능 챗봇을 소유하고 있었고, 아마존 Alexa와 같은 스피커 기반의 인공지능 챗봇으로 생활의 편리함을 느끼고 있었다. 2018 구글 I/O에서 순다 피차이는 구글 어시스턴트의 새로운 기능을 소개했다. 소개된 다양한 기술 중에 참가자들의 주목을 끌었던 기술은 음성 챗봇의 기능이다. 기존 텍스트 위주의 대화를 탈피하여 음성으로 인간과의 대화가 가능해지는 기술을 선보였다. 구글 어시스턴트가 헤어살롱 예약 등 사용자가 원하는 명령을 직접 헤어살롱에 전화를 걸어서 예약을 완벽하게 수행하는 과정을 보여주면서 향후 인공지능의 발전 방향을 보여주었다.

생성형 인공지능이 가능하게 된 배경은 2000년도 이후에 중요한 개념으로 부상을 한 빅데이터 때문이다. 다양하고 거대한 양의 데이터를 배경으로 트렌스포머 알고리즘과 같은 머신러닝의 발전된 연구를 활용하여 인간만이 가지고 있는 문장을 생성하는 기술을 갖추게 된 현재의 생성형 인공지능을 만들어 냈다. 학습된 단순한 결과물을 반복적으로 재생했던 기존의 챗봇보다 훨씬 스마트해진 챗봇의 출현으로 소비자가 머릿속으로 상상하던 인공지능의 개념에 한발 더 다가간 모습을 보여줌으로서 전세계적인 관심을 받게 된 것이다.

ChatCPT와 같은 생성형 인공지능이 기존 인공지능 챗봇에 비해 에러를 줄이고 보다 정확한 결과를 제공하게 된 것은, 기존 인공지능의 학습에 인간의 피드백을 중심으로 하는 강화학습이 이뤄져서 가능하게 된 것이다.

생성형 인공지능이 소개되고 난 후에 광고 마케팅의 분야에 어떤 영향을 미치게 될까 하는 전문가들이 소견이 Ad Age등 관련 잡지에 봇물터지듯 쏟아졌다. 주로 컨텐츠를 만들어 내는 쪽에 영향이 클 것이라는 내용이 주를 이뤘는데, Dall.E.2, MidJourney 내지는 Adobe AI와 같이 그래픽과 동영상 부분에서 개발된 인공지능 기술로 텍스트 컨텐트를 넘어서 모든 종류의 컨텐트 생성에 영향을 미치고 있다. 1990년대 후반부터 가속화된 미디어의 디지털화의 시대부터 빅데이터를 거쳐 생성형 인공지능의 시대까지, 광고와 광고시장은 미디어 자체와 소비자 행태의 변화등 커다란 변화를 경험하고 있다.

2. 디지털과 데이터 기술이 가져온 광고의 파괴

4대매체 중심의 아날로그 시대의 광고는 미디어의 기술이 디지털화 되고, 디지털화 된 미디어에서 다양하게 축적된 데이터의 영향으로 2회 정도의 파괴를 겪었다. 1차 파괴는 1990년에 소개된 디지털 기술로 촉발된 파괴였고 2차 파괴는 2010년경에 소개된 빅데이터를 기반으로 한 머신러닝과 인공지능 기술로 촉발된 파괴였다.

1) 미디어의 변화로 촉발된 소비자의 변화: 광고의 1차 파괴

광고의 1차 파괴는 미디어의 다양성이란 키워드로 촉발되었다. 기존 매체에서 소비자에게 일방적으로 정보전달이 이뤄지던 아날로그 매체에 의존하던 광고시장이 인터넷 기술의 등장으로 소비자와의 쌍방 커뮤니케이션이 가능해진 디지털 시대로 들어서게 되었다. 광고 메시지의 개인화 또는 맞춤형 광고의 등장 등 소비자 개인이 중심이 되는 광고형태가 등장하면서 광고에서 기존의 매스 미디어의 개념이 사라지기 시작했다. 디지털 미디어 환경에서의 가장 두드러진 변화는 광고 마케팅 커뮤니케이션에서의 파워가 기존의 미디어와 브랜드에서 소비자로 이동했다는 점이다. 광고가 PR과 같은 다른 마케팅 커뮤니케이션과 차별이 되는 점은 크리에이티브 한 아이디어를 통해 소비자를 설득하여 제품에 대한 태도변화 또는 제품 구입을 유도한다는 점이었다. 설득이란 개념은 메시지 수용자는 일방적으로 전달되어지는 메시지를 받아들여서 있는 그대로 처리한다는 수동적인 존재라는 점을 기본으로 한다. 반면에, 디지털 미디어에서 정보의 흐름은 미디어에서 소비자로 단일 방향으로 흐르던 상황에서 미디어/브랜드와 소비자 간의 상호작용이 가능할 수 있도록 정보가 양방향으로 흐르는 것이 가능해졌다. 정보의 양방향이 중요하게 된 이유는 소비자가 직접 소비하고 싶은 컨텐트를 선택할 수 있고, 미디어/브랜드에 정보에 대한 직접적인 반응을 할 수있다는 점이다. 따라서 소비자의 관심사와 관련성에 따라 브랜드와 제품의 정보소비가 결정되게 되었다. 이러한 변화는 광고의 가장 중요한 기능이라고 할 수 있는 소비자 설득의 기능을 상대적으로 약화시키는 변화를 가져왔다. 전통적으로 광고는 소비자에게 제품과 브랜드에 대한 올바른 정보와 기대되는 이익을 제공하므로써 소비자에게 현명한 경제활동을 할 수 있도록 도움을 주는 정보원으로 기능을 해왔다. 하지만 디지털 기술이 제공하는 정보검색 기능과 쌍방향 정보 전달의 기능으로 소비자는 자신이 원하는 정보를 필요한 때에 적절한 정보원에서 얻을 수 있게 되었다. 이러한 소비자의 정보소비 행태의 변화는 광고집행의 패턴에도 변화를 가져오게 되었다. 소비자의 수동성을 가정하는 상황에서는 소비자들이 소비하는 다양한 매체들을 적절히 믹스하여 정보전달을 할 수 있었으나, 소비자가 능동적인 상황에서는 기존의 미디어 믹스의 기법보다는 정보를 제공하여 소비자의 관심을 불러 일으켜서, 소비자가 직접 추가 정보를 검색하는 과정에서 브랜드가 제공하는 다양한 브랜드 컨텍 포인트에 방문을 하도록 이끄는 크로스 미디어 컨셉이 소개 활용되었다.

　이 시기에 소비자는 단순 정보 소비와 제품 소비의 수준을 넘어서 디지털 미디어에서 새로운 정보를 생산하고 배포하는 컨텐트 크리에이터로 거듭나게 된다. 소비자의 이러한 변화를 가속시켰던 소셜 미디어와 1인 미디어의 등장도 이 시기였다. 페이스북, 트위터, 인스타그램 등의 다양한 형태의 소셜 미디어가 등장하면서 소비자는 자신의 일상과 경험을 나누기 시작하였고, 유튜브 등의 1인 방송 미디어의 등장으로 소비자는 자신의 전문분야에 대한 정보를 생산해서 다른 소비자와 나누기 시작하였다. 90년대부터 2000년대를 아우르는 이런 현상은 현재의 디지털 인플루언서 마케팅의 기반이 되었다. 또한 소비자의 경험수준 역시 제품의 소비를 중심으로 한 직접적인 경험의 수준에서 디지털 기술을 기반으로 온라인 상에서 360도 제품 전시등을 통한 간접적인 경험이 가능했고, 제품을 자신의 기호에 맞게 색상의 변화나 디자인의 변화를 하여 개인맞춤형 제품을 미리 볼 수 있는 가상 경험이 가능한 시기였다.

2) 데이터 기술이 촉발한 개인화 맞춤형 광고: 광고의 2차 파괴

디지털 기술로 인한 1차 파괴를 경험하던 광고시장은 데이터의 개념이 도입이 되면서 2차 파괴를 경험하게 된다. 데이터 기술이 광고시장에 가져온 가장 큰 영향은 개인화와 맞춤형 광고이다. 디지털 기술이 미디어에 적용이 되면서 소비자 각 개인의 기본 정보가 소셜 미디어등에 자연스럽게 노출이 되고, 소셜 미디어들에 공유했던 일상이 개인 소비자를 이해하는 정보로 수집이 되고, 또한 소비자가 온라인에서 방문하고 구매했던 행동들이 그 개인에 대한 정보로 수집이 되었다. 이렇게 한 개인에 대한 정보가 다양하게 수집되어 정리가 되고, 그 정보들을 바탕으로 각 개인에게 최적화되고 관련성이 높은 광고 마케팅 정보들이 소비자들에게 직접적으로 제공되고 있다. 이러한 변화는 앞에서 언급했던 광고가 설득의 기능에서 소비자의 관심에 따라 관련성이 높은 정보를 제공하여 제품의 구매를 유도하는 방향으로의 변화를 가속화 시키고 있다는 점을 보여주고 있다.

2010년대 중반부터 불기 시작한 광고마케팅 분야에서의 머신러닝과 인공지능에 대한 관심은 광고의 2차 파괴를 가속시키고 있다. 인공지능은 광고캠페인 제작의 시작인 시장조사에서 부터, 크리에이티브, 매체기획 및 매체구매에 까지 영향을 미치고 있다. 서베이와 포커스그룹 중심의 기존의 광고조사 방법은 조사 행위 자체가 조사에 참여하고 있다는 사실을 인식하고 있는 참여자들의 응답에 영향을 미칠 수 있다는 한계가 있다. 하지만 소셜 미디어 리스닝 또는 소셜 멘션과 같이 데이터 사이언스를 적용하여 온라인 상에서 소비자가 직접 제공하는 데이터를 분석하여 소비자를 이해하려는 기법은 소비자들의 제품에 대한 생각이나 제품 사용 후기 등을 통해 직접적인 조사를 배제한 상태에서 객관적인 데이터를 수집할 수 있다. 또한 광고측정의 효과 및 매체기획 분야에서도 보다 정확한 효과측정과 목표수립이 가능하게 되었다. 신디케이트 리서치 회사가 샘플링과 서베이를 통해 수집하여 정기적으로 보고했던 정보에 의존했던 전통적인 광고효과 측정은 디지털 미디어가 광고의 제1매체로 부상함으로서 소비자들의 온라인 행동을 수집 분석하여 보다 정확한 광고노출의 효과를 측정할 수 있었고, 광고가 판매로 이어지는 효과까지도 측정할 수 있다. 이제는 흔한 용어가 되버린 KPI(Key Performance Indicator)는 마케팅과 광고의 목적에 따라 다양한 디지털 매트릭스로 계획으로 수립되고 측정되고 있다. 또한 소비자 여행(Consumer Journey)이라는 개념으로 온라인 상에서 소비자가 제품을 인지하고 구매하는 과정을 시작점부터 구매를 마치는 시점까지 기록된 루트를 분석하여 보다 효과적인 소비자 여행 루트를 계획하여 유도를 할 수 있다. 소비자 여행 개념을 다른 매체까지 확대를 시킨 개념이 기여도 분석(Attribution Analysis)으로 소비자의 최종 구매 행위에 가장 영향을 끼친 매체를 특정하여 추후 광고마케팅 캠페인 수립을 보다 효율적이고 효과적으로 세울 수 있다. 매체 구매 역시 인공지능을 활용한 프로그래매틱 바잉이 활용되고 있다. 전통적인 미디어 바이어 – 미디어 렙의 관계가 수요 플랫폼(DSP: Demand Side Platform)과 공급 플랫폼(SSP: Supply Side Platform)의 관계로 발전이 되었고 바이어와 렙의 협상과정도 리얼타임 비딩 프로토콜(RTB: Real Time Bidding)로 자동화가 되었다. 기존의 바이어와 렙의 관계가 단순히 광고시간과 지면을 구입하는 수준이었다면 프로그래매틱 바잉은 온라인 광고의 궁극적인 목표인 구매전환율(Conversion Rate)을 높이고 광고구매 단가(CPA: Cost per Action)을 낮추기 위한 정확한 타겟팅을 포함한 효율적이고 효과적인 미디어 구매를 가능하게 한다.

ChatGPT가 몰고 온 생성형 인공지능의 바람은 직접적으로 광고 크리에이티브에 영향을 미치고 있다. 2018년에 아마존의 중국버전인 아리바바는 1초에 20,000개의 카피를 만들어내는 자사의 인공지능 카피라이터가 튜링 테스트를 통과했다고 발표했다. 아리바바의 카피는 온라인 광고에서 단순한 제품정보 내지는 간단한 세일즈 메시지를 만드는 것에 불과했다. 하지만 생성형 인공지능은 광고의 헤드라인도 뽑아내고 바디카피도 완성하고 있다. 생성형 인공지능은 텍스트의 생성을 넘어 그래픽 이미지와 동영상도 생성하고 있어서 기존 광고 크리에이티브 및 제작에 영향을 미치고 있다.

이 시기에 소비자는 컨텐트 크리에이터의 역할을 지속적으로 수행하지만, 인공지능의 발달로 전문가의 영역이라고 여겨졌던 부분에 일반 소비자의 접근이 용이해짐에 따라 생성한 컨텐트에 전문성과 완성도가 올라간다. 소비자의 경험 수준은 브랜드의 직간접적인 경험과 디지털 기술이 가져온 가상경험이 유지된다. 중요한 점은 소비자가 공유하기 위해 생성하는 경험 컨텐트의 퀄리티이다. 소비자 개인의 경험이 인공지능이 제공하는 정보를 바탕으로 하는 고급 컨텐트와 결합하여 보다 발전된 퀄리티의 크리에이티브 컨텐트의 형태도 다른 소비자와 공유된다.

3. 광고의 확장

　이러한 1차 2차의 광고 파괴 과정을 거쳐서 새롭게 생성된 광고 형태로 인해 4대매체가 중심이었던 시대에 만들어진 광고의 정의에 수정이 불가피 하다. 전통적인 광고를 정의하는데는 광고주, 매체구매, 매체, 소구대상, 설득, 정보전달의 6가지 기본 개념이 필요했다. 광고시장이 디지털화와 데이터화를 겪으면서 매체구매, 매체, 소구대상, 설득 등 대부분의 개념에서 수정이 필요하다. 매체 구매는 디지털화를 통해 구매하지 않아도 광고주가 소유하거나(Owned) 얻어지거나(Earned) 하는 매체들을 광고매체로 활용할 수 있으므로 개념을 확장해야 한다.

　매체와 비히클이란 개념 역시 전통 광고의 미디어 플래닝에서 사용되던 용어다. 아직 4대 매체는 남아있고 인터넷, 온라인 등도 매체의 개념으로 인정이 되고 있는 상태이긴 하지만 소구대상과 광고캠페인을 직접적으로 연결 시켜주던 비히클(Vehicle)이란 개념은 디지털/데이터 시대에서는 플랫폼(Platform)이라는 개념으로 변화되었다. 비히클과 플랫폼의 개념은 미디어의 디지털화가 가져온 소비자의 미디어 소비 행태가 수동적에서 능동적으로 변화된 것을 단적으로 보여주고 있다. 전통 광고의 미디어 플래닝의 기본은 소구대상에게 가장 정확한 메시지를 가장 효과적인 매체를 통해 정확한 시간에 전달하는 것이다. 즉 소비자는 수동적인 대상으로 자기가 좋아하는 매체에 실린 광고캠페인에 여러번 노출이 되는 구조이다. 즉 비히클이 광고 메시지를 싣고 소비자에게 전달하는 구조였지만 디지털/데이터 시대의 플랫폼은 비히클 처럼 움직이지 않는다. 기차역에 기차를 타려는 목적을 가지고 오는 승객들처럼 소비자들은 정보습득이나 제품구매 등의 각자의 목표를 가지고 온라인 상에 존재하는 각 브랜드의 플랫폼에 방문한다. 미디어의 개념은 변하지는 않겠지만 광고매체로서의 미디어는 자세하게 정의 되어야 할 필요는 있어보인다.

소구대상 역시 전략에 의해 구매하는 매체의 비중이 줄어들면서 소구대상이란 개념에서 더 확장 되어야 할 필요성은 있어 보인다. 소유하고 있는 미디어나 얻어진 미디어는 광고주 또는 광고회사의 계획이나 전략에 따라 움직이기 쉽지 않은 구조이기 때문에 단순히 소구대상이 디지털 광고 캠페인의 대상이라고 하기에는 무리가 따른다.

마지막으로 앞에서 언급되었던 광고의 설득 기능이다. 광고는 제품에 대한 정보전달 기능과 소비자를 설득하여 제품에 대한 태도를 변화시키거나 제품의 구매를 유도하는 기능을 한다. 미디어의 디지털화가 이뤄지고 그에 따라 소비자의 미디어 소비와 선택이 능동적으로 변화하는 과정에서 광고의 설득기능이 약화되고 광고의 정보전달 기능이 강화되는 현상을 보여준다. 1925년 스트롱(Strong)의 4단계 위계효과모델(AIDA Model)은 소비자가 광고물을 인지하고 구매에 이르기까지 4단계를 설명하고 있다. 이 모델은 후에 5단계 AIDMA모델로 발전이 되고 1961년 래비지(Lavidge)와 스타이너(Steiner)에 의해 6단계 모델이 소개되면서 광고가 가지는 설득의 기능이 인지-감정-행동등의 기본 3단계의 과정을 거쳐 일어나는 것을 보여줬다. 물론 제품의 성격 - 이성적 vs. 감성적 - 과 제품 관여도에 따라 3단계의 과정은 순서가 변하게 된다(FCB Grid Model). 따라서 이성적인 메시지에 의해서 설득이 이뤄지는가 감성적인 요소에 의해서 설득이 이뤄지는가, 또는 설득의 과정이 없이 제품구매 후에 제품에 대한 판단으로 설득이 이뤄지는가 하는 다양한 방법의 설득이 존재했다. 하지만, 앞에서 언급한 바와 같이 디지털 미디어의 환경에서의 소비자는 주어진 메시지에 설득을 당하긴 하지만 동시에 능동적으로 필요한 정보를 찾고 처리하는 존재다.

그림 1. 디지털 시대의 광고정보 처리 과정

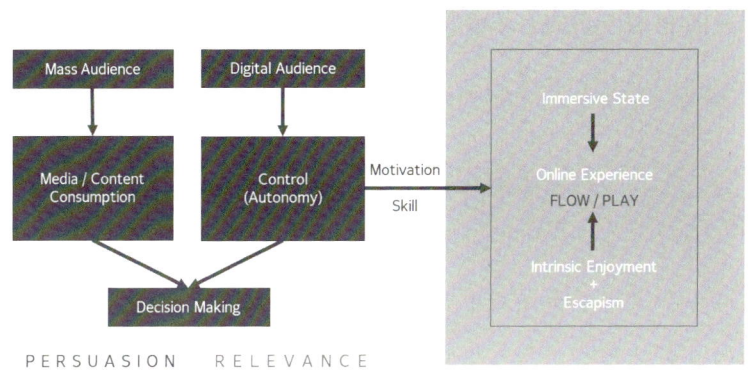

따라서 그림 1에서 보여지듯이 매스 미디어와 디지털 미디어가 동시에 존재하는 현 미디어 상황에 비추어 소비자가 광고정보를 처리하는 과정은 두가지라고 생각되어 진다. 매스 미디어에서 광고정보를 접하게 되는 경우는 한방향 정보처리 과정을 겪게 되어, 소비자는 수동적으로 주어진 정보를 처리하고 설득과정을 거쳐 태도변화나 제품 구매등의 행동을 하게 된다. 이 과정은 전통적인 광고의 설득이 과정이 발생이 된다. 디지털 미디어 상황에서 이 경우는 새로운 정보를 접하게 되는 과정이고 소비자의 흥미가 자극이 되면 추가 정보 검색을 위한 방아쇠 역할을 하게 된다. 텔레비전 광고나 온라인 배너광고 등이 이 과정의 대표적인 광고의 형태이다. 반면에, 디지털 미디어에 익숙한 디지털 어디언스들은 일방적인 광고메시지의 전달에 의해 설득이 된다기 보다 스스로의 필요에 의해 검색과정을 통해 정보를 접하게 된다.

이 과정에서는 두가지 개념이 중요하다. 하나는 소비자가 해당사이트를 사용하는데 있어서 자의적으로 쉽게 조절(Control)이 가능한가 이며 다른 하나는 소비자가 검색하는 주제와 소비자와의 관련성(Relevance)이다.

1) 광고정보 선택의 준거 - 관련성

소비자의 관련성은 현재 온라인 광고의 대부분을 차지하는 검색광고와 관련해서 고려해봐야 한다. 소비자가 검색을 하는 과정은 소비자의 문제해결 의지에서 비롯된다. 다가오는 여름휴가의 휴가지 선택이라는 문제를 해결하기 위해 소비자는 서치엔진을 사용하여 검색을 하게 된다. 이때 소비자의 동기는 매스 미디어를 통해 일방적으로 메시지에 노출되는 상황과 다른 상태이다.

소비자는 여름 휴가의 휴가지 선정을 위해 여러 요소들을 검색하고 판단하여 휴가지를 선정함으로서 자신이 직면해 있는 문제를 해결하고자 한다. 검색의 과정에서 주어지는 정보들 중에 소비자의 문제해결과 관련된 정보들만이 수집되어지고 문제해결과 관련성이 적은 정보들은 대부분 무시한다. 관련성(Relevance)를 기준으로 하는 인지적 스크리닝의 과정을 거치게 되는 것이다. 스크리닝을 통과한 정보들은 높은 관여도를 가지고 정보처리를 하게 된다.

2) 소비자의 정보탐색 자율성 - 조절

소비자의 조절(Control) 역시 검색광고와 관련에서 고려해봐야 한다. 검색엔진에서 소비자가 직접 키워드를 선정하고 입력해서 나온 검색의 결과중에 가장 관련성이 높은 정보를 선정하여 소비를 하게 된다. 주어진 정보만을 처리하던 수동적인 정보처리 과정과 비교해보면 소비자 본인이 직접 검색과정을 통해 얻어낸 결과를 처리하는 과정은 정보처리의 밀도면에서 훨씬 높다. 정보 검색의 과정과 탐색된 정보를 소비하는 과정이 자의적이고 소비자 스스로 조절이 가능한 상태에서는 그 내용과 과정에 집중도가 올라간다.

(1) 몰입의 경험 - 플로우(Flow)와 지각된 놀이(Perceived Play)

이런 현상을 설명할 수 있는 이론이 폴란드 출신의 미국 심리학자인 칙센미하이가 1970년대 초반에 소개한 플로우(Flow)라는 개념이다. 인간이 행복을 느낄 수 있는 최적의 상태로 쉽게 설명할 수 있는 플로우의 상태는 몰입의 상태이다. 몰입의 상태는 인간이 어떤 일에 집중을 하고 있을때 쉽게 경험을 할 수 있다. 온라인 게임에 빠져 밤새는 줄도 모르고 집중을 하는 상태나, 작가가 글을 쓰면서 집중을 하는 상태, 화가가 그림을 그리면서 집중하는 상태가 좋은 예이다. 위에서 언급한 3가지 경우 모두 게임을 하는 사람, 작가, 화가는 자신의 일에 집중을 하면서 몰입을 최대치로 올리고 그 과정에서 행복을 경험하고 있다. 소비자가 플로우의 상태에 이르기 위해서는 두가지 요건이 필요한데, 사용자의 도전(Challenge)와 해당 분야의 능력(Skill)이 그 두가지다. 즉, 소비자가 플로우를 경험하기 위해서는 해당 분야를 이해하고 다룰 수 있는 능력과 도전하고 싶은 동기가 일정수준 이상

이어야 한다. 칙센미하이에 따르면 두가지 중 능력이 일정 수준이 안 되면 소비자는 불안감을 느끼게 되고 도전의지가 일정수준 아래이면 지루함을 느끼게 되어 플로우 상태에 도달할 수 없다. 플로우의 개념은 1996년 호프만과 노박(Hoffman and Novak)에 의해 인터넷 브라우징에 적용이 되어 디지털 커뮤니케이션 분야에서 연구가 이뤄지고 있다.

플로우의 개념은 2004년 매스윅과 릭돈(Mathwick & Rigdon)의 연구에서는 지각된 놀이(Perceived Play)라는 개념으로 마케팅 연구에 적용을 되었다. 매스윅과 릭돈의 놀이 개념은 칙센미하이의 플로우 개념과 동일한 개념으로 도전과 능력이 일정 수준 이상일때 경험을 할 수 있는 상태이며, 두가지 하위개념을 가지고 있다. 놀이라는 개념은 몰입의 개념과 비슷한 현실세계로부터의 탈출(Escapism)과 놀이 행위의 자체에서 생겨나는 내재적 즐거움(Intrinsic Enjoyment)라는 두가지 하위개념으로 구성된다. 매스윅과 릭돈은 소비자가 마케팅 상황에서 놀이의 상태를 경험하기 위한 선행조건으로 결정적인 조절(Decisional Control)을 제시한다. 사용자가 직접 조절하는 행위를 통해 사용자는 최적의 놀이 경험을 할 수 있다는 것이다. 이부분은 온라인에서의 검색광고 정보처리는 소비자가 가진 검색동기와 검색능력을 바탕으로 이뤄진다는 점에서 일정수준의 동기와 능력을 가진 상태에서 소비자는 플로우 내지는 놀이의 상태를 경험하게 되며, 이런 긍정적인 정보처리 경험은 해당 정보와 관련된 브랜드에 대한 긍정적인 평가로 이어질 수 있다고 가정할 수 있다.

다만, 이러한 몰입을 이끄는 정보처리의 과정은 소비자의 자의적인 조절능력에 앞서 소비자가 가진 정보와의 관련성이 중요하다. 일방적인 설득 메시지에의 노출 보다는 소비자 스스로 관련된 정보를 찾아 나서는 행위가 자의적인 조절 능력과의 상호작용을 통해 정보탐색과 처리과정에서 플로우 상태를 가져온다. 따라서 설득을 중심으로 생겨난 정교화가능성 모델(ELM)이나 휴리스틱-시스테매틱 모델(HSM)과 같은 정보처리 모델은 일반화된 정보처리의 과정을 설명하지만, 소비자의 관련성으로 시작되는 검색광고와 관련된 정보처리 모델은 소비자 개인의 문제해결 또는 목표성취을 위한 상황적인 정보처리(Episodic Information Processing)의 과정을 겪게된다고 할 수 있다.

4. 생성형 인공지능이 가져올 광고의 미래

ChatGPT가 소개된 이후에 많은 광고 마케팅 실무자를 비롯하여 학자들이 생성형 인공지능이 광고 마케팅에 미치게 되는 영향에 대해 언급하고 있다. 영향을 예측하기 위해선 생성형 인공지능이 가지고 있는 기본 기능을 잊지 말아야 한다. 생성형 인공지능은 기존 서치엔진의 기능을 대화형으로 한단계 발전시킨 서치엔진의 하나이고, 방대한 데이터를 기본으로 사용자의 요구에 맞는 맞춤형 컨텐트를 제공하는 인공지능이고, 마지막으로 간단한 알고리즘을 바탕으로 기업들이 자사의 웹사이트와 앱에서 사용하던 챗봇의 발전된 버전이다. 생성형 인공지능의 이 세가지 기본기능을 바탕으로 생성형 인공지능이 광고 마케팅 분야에 가져올 변화에 대해, 검색광고의 변화, 광고 크리에이티브의 대중화, 그리고 브랜드-소비자의 관계 향상의 세가지 부분에서 이야기 하겠다.

1) 검색광고의 변화

No. 1 광고매체로서의 텔레비전의 아성을 무너뜨린 매체가 온라인이다. 온라인 광고 중에서도 최대의 비중을 차지하고 있는 것이 검색광고다. Statista의 2023년 자료에 의하면 2023년 7월 현재 전세계 서치엔진 시장에서 구글(Google)이 차지하고 있는 비중이 83.5%로 가장 많고 그 뒤를 빙(Bing)이 9.2%으로 뒤따르고 있다. 다른 통계에서는 구글의 마켓쉐어를 92.1%까지 보기도 한다(StatCounter Global Stats). Oberlo의 통계에 따르면 2023년 6월 현재 구글의 총수익은 $279.81 Billion이고 그 중 서치광고의 수익은 $162.45 Billion으로 약 58%의 구글 수익이 검색광고에서 발생이 된다. 서치광고 마케팅(SEM: Search Engine Marketing)은 서치광고 최적화(SEO: Search Engine Optimization)와 검색광고(PPC: Pay-per-Click Ads), 두가지 형태가 있다. 서치광고 최적화는 알고리즘을 바탕으로 입력된 키워드와의 관련성, 키워드의 중요성, 대중성, 신뢰도 등의 기준을 가지고 정보가 제공되며, 검색광고는 해당 브랜드와 관련성이 있는 키워드를 브랜드가 경매방식으로 구매를 하여 연관 키워드가 입력이 되었을때 관련 정보가 노출이 되는 방식으로 운영하고 있다. 구글의 경우 키워드와 관련성이 높은 링크를 순서대로 나열하는 방식으로 정보를 제공하고 있다.

최근 검색광고를 위협하는 두가지 요소가 부상하고 있다. 첫번째는 디지털 네이티브라고 불리는 GenZ의 검색행동의 변화이다. 30대 이상의 세대들은 온라인 상에서의 검색 도구로서 구글과 같은 서치엔진을 먼저 떠올린다. 하지만 GenZ는 검색의 경우에 틱톡과 같은 소셜미디어를 사용한다. 해시태그의 사용으로 페이스북 또는 인스타그램의 경우도 검색 도구로서 사용빈도가 늘고 있다. 특히 여행 또는 음식점 관련된 정보 검색에는 인스타그램의 빈도가 많은 편이다. 또한 유튜브 같은 비디오를 주제로 하는 소셜 미디어도 중요한 검색엔진으로서 역할을 하고 있다. 구글에서 제공하는 텍스트 기반의 정보가 필요한 경우도 있지만, 비디오로 만들어진 정보가 필요한 경우도 증가하고 있다. 실제로 주택이나 차와 관련된 가벼운 수준의 수리 또는 복잡한 개념의 쉬운 이해가 필요한 경우에 유튜브와 같은 비디오 컨텐트가 효과적으로 사용되고 있다. 사용량과 빈도는 구글의 현재 사용량과 빈도에 비해 현저히 떨어지나 GenZ가 성장하는 10-20년 후에 서치의 행태는 예측할 수 있다.

두번째는 최근 소개된 ChatGPT와 같은 생성형 인공지능의 등장이다. ChatGPT의 등장과 함께 마이크로 소프트는 자사의 검색엔진 빙에 ChatGPT기능을 탑재하여 서비스를 시작했다. 기존 구글이 사용하고 있는 크롤링된 웹페이지의 링크 나열방식의 검색결과 노출에서 탈피하여 빙은 프롬프트를 사용하여 사용자와 빙의 생성형 인공지능과의 대화방식을 통해 필요한 정보를 AI가 생성한 답변을 받게 되어 있다. 구글도 2023년 I/O에서 검색 생성 경험(SGE: Search Generative Experience)을 발표하였다. 기존의 서치방식은 유지를 하고, 동시에 생성형 AI인 구글 바드가 만들어 내는 결과를 따로 제시하는 방식이다. 생성형 AI가 만들어 내는 대답은 프롬프트에 입력된 명령어와 최대한 관련성이 있는 데이터를 수집하여 작성이 되며, 정보의 출처와 링크도 동시에 제공하므로서 사용자에게 편리함을 제공한다. 또한 생성형 AI의 특징이라고 할 수 있는 대화의 연속성의 기능도 제공이 된다. 생성형 AI가 제공한 답변에 추가 질문이 가능한 점은 사용자가 필요한 정보를 역삼각형으로 프롬프트의 명령어 범위를 좁혀나가면서 구체적으로 얻을 수 있다. 광고 마케팅의 측면에서 중요한 점은 SGE는 생성형 인공지능의 답변이 제품 또는 브랜드와 관련이 있는 경우, 생성형 인공지능의 답변과 연동하여 구글 쇼핑기능을 동시에 제시하므로서 소비자에게 검색부터 제품구매까지 가능한 환경을 만들어 준다. 기존의 구글 검색 결과 페이지에서 상단에 차지하던 검색광고의 부분에 생성형 인공지능의 답변을 제시하고 관련된 링크와 제품 정보도 동시에 노출시키게 됨으로서 사용자의 선택에 따라 검색광고의 성공이 결정이 되는 구조다. 현재 대부분의 소비자는 검색의 결과로 제시되는 상위 광고링크 보다는 SEO의 결과로 제시되는 링크를 주로 사용하고 있다. 하지만, 광고링크 대신 생성형 인공지능이 맞춤형 답변을 제시하고 그와 관련이 있는 제품 또는 기관의 링크를 동시에 제공한다면 사용자의 관심은 과연 생성형 인공지능의 답변일까 아니면 기존의 SEO 결과의 리스트일까? 이 질문은 기존의 탐색광고에 새로운 방향을 제시하는 가능성을 담고 있는 동시에 SEO의 분야에는 살아남기 위해 새롭게 진화해야 한다는 과제를 제시하고 있다.

2) 광고 크리에이티브의 대중화

광고의 기획 제작과정에서 필요한 컨텐트를 생성형 인공지능을 통해 얻을 수 있다. 2023년 현재 완전하지는 않지만 ChatGPT를 통해서 브랜드와 제품에 대한 기본 광고전략의 가이드라인과 세부 플래닝을 얻을 수 있다. 생성형 인공지능의 특징인 '대화의 기억'을 활용하여 프롬프트를 통한 대화를 지속하여 보다 자세한 답을 얻어낼 수 있다. 캠페인 플래닝 뿐 아니라 만들어진 플랜을 프리젠테이션 하기 위한 프리젠테이션 자료를 제공하는 생성형 인공지능인 Gamma도

개발이 되었다. 발표하는 주제를 자세하게 프롬프트에 입력하면 그에 적절한 프리젠테이션 자료를 10장 이내의 슬라이드에 요약하여 제시해준다. 물론 기획자의 의도에 맞지 않는 내용도 포함이 되어 있어 적절한 수정과정을 거쳐야 하지만 특별한 방향이 설정되어 있지 않았을 경우, 생성형 인공지능이 제공해주는 컨텐트는 방향수립에 도움이 된다.

생성형 인공지능이 마케팅과 광고분야에 직접적으로 관련 있는 부분이 광고 크리에이티브 분야이다. 광고 크리에이티브는 번뜩이는 아이디어가 필요하지만 기본적으로 비주얼과 카피의 두 요소가 기본이 된다. 앞에서 언급했듯이 생성형 인공지능의 기본 기능은 컨텐트의 생성이다. 생성형 인공지능은 텍스트 위주로 개발된 대화형 인공지능인 ChatGPT, Bard, 이미지 작업 또는 생성을 하는 이미지 인공지능인 DALL-e 2, Novel AI, Midjourney, Adobe Firefly, 비디오 생성/편집 인공지능인 Descript, Visla 등 크리에이티브 분야에서 다양하게 개발 되어 있다. 이러한 생성형 인공지능 도구를 사용하여 일반인들도 쉽게 광고를 만드는 현상이 나타나고 있다. 유튜브에 비디오 생성형 인공지능이란 키워드를 입력하면 10분만에 광고만드는 법 내지는 생성형 인공지능으로 광고를 만든다는 내용의 클립들이 상당수 올라와있다. 물론 만들어 진 광고의 수준이나 완성도는 낮은 편이지만 이제 생성형 인공지능 도구를 이용해서 일반인도 광고제작에 도전할 수 있게 되었다는 점에서 광고산업에 위협요소가 될 가능성을 내포하고 있다고 하겠다.

2018년 렉서스는 IBM인공지능 왓슨이 15년 간 칸 광고제에서 수상한 자동차 광고의 크리에이티브를 분석하여 만들어 낸 방송광고 콘티를, 캐빈 맥도날드 감독이 직접 촬영 한 텔레비전 광고를 소개했다. 물론 인공지능이 완벽한 콘티를 만들어 낸 것은 아니지만 기본 스토리의 뼈대와 줄거리를 만들어 냈다. 최근엔 버거킹과 맥도날드 햄버거는 ChatGPT를 활용한 광고를 제작하여 서로 경쟁하고 있으며, 미국의 민트 모바일도 ChatGPT를 활용하여 만들어진 광고 카피를 소개하는 형식으로 생성형 인공지능의 광고활용 가능성을 보여주고 있다. 또한, 실제 광고는 아니지만 Private Island라는 영국의 영상제작 스타트업 회사는 영상제작과 이미지 생성 분야의 인공지능 도구들을 활용하여 Synthetic Summer라는 광고영상을 제작 노출 하였다. 사람들의 얼굴이 뒤에 달려있는 등 영상 자체의 기괴함에 좋은 인상을 받지는 못했다. 이 광고영상을 제작자들도 인공지능이 만들어 낸 완성도가 떨어지는 광고가 인간이 인공지능에 대해 가진 걱정을 보여주고 있다고 했지만, 또한 광고의 완성도 면이나 스토리 텔링 등 부족한 부분이 많이 보이긴 했지만, 도구로서의 인공지능 스스로가 만들어 내는 광고가 가능하다는 점은 미래의 위협요소가 될만하다.

광고주와 마케터의 고민을 해결하기 위한 광고 캠페인의 제작에는 시장조사부터 시장과 소비자를 잘 이해하고 있는 커뮤니케이션 전문가의 전략이 필요하고, 그 전략을 달성하기 위해 최선의 크리에이티브 아이디어를 구상해내는 크리에이터의 능력이 필요하고, 그 아이디어를 높은 수준의 퀄리티를 가진 광고물로 만들어 내는 제작자의 능력이 필요하다. 전문지식이나 충분한 시장 조사 없이 생성형 인공지능에 의존해서 만들어진 광고가 가지는 한계는 분명하나, 인공지능 기술의 발전에 따라 광고 크리에이티브의 위협요소가 될 가능성은 충분히 있다고 본다.

3) 브랜드-소비자 관계 향상

마지막으로 생성형 인공지능이 광고 마케팅 산업에 미치게 되는 영향으로 소비자-브랜드의 관계 강화를 들 수 있다. 관계마케팅은 70년대 데이터 베이스 마케팅에서 발전된 것으로, 소비자 명단을 작성하고 분류하여 소비자의 욕구, 트렌드 등을 파악하여 제품과 브랜드의 마케팅 효과를 증대시키는 것으로 시작되었다. 이후 고객관계관리(CRM: Customer Relationship Management)의 개념으로 발전하여 고객의 명단 확보를 넘어 고객이 제품 구매을 하기 위한 마케팅부터 판매, 고객관리에 이르는 고객 여정(Customer Journey)을 확인하기 위한 시스템을 구축, 관리하여 고객과의 좋은 관계를 유지하는 전략을 수립 집행한다. 디지털 기술이 발전된 마케팅 상황에서 고객관계 관리의 핵심은 고객관계 관리의 게임 체인저라고 불리는 자사의 디지털 플랫폼에 설치된 챗봇(Rule-based Chatbot)이다. 챗봇은 소비자가 전화를 들고 오래 기다려야 하는 수고를 줄여주고, 필요한 정보를 간단한 스텝을 통해 전달하여 소비자의 문제를 해결하는데 효과적이다. 하지만 대부분 챗봇은 가장 간단하고 반복적인 소비자의 문제 해결에는 적합하나 조금 복잡하고 어려운 문제 해결에는 전혀 효과적이지 않다. 생성형 인공지능이 기존의 챗봇과 결합을 하면 브랜드의 입장에서는 소비자를 만족시킬 수 있는 수준의 대화형 챗봇(Customer-facing Chatbot)을 갖게 된다. 생성형 인공지능 기능이 결합된 대화형 챗봇의 가장 큰 장점은 대화하는 상대의 정보를 가지고 있다는 점이다. 대화하는 상대의 관심, 흥미, 소셜 미디어 정보, 커뮤니케이션 디바이스 정보, 행동 데이터등을 토대로 최적화한 정보를 가지고 있는 상태에서 소비자가 가지고 있는 불만이나 제품에 대한 불편 사항들을 보다 효과적으로 응대

할 수 있다. 이러한 개인화 서비스를 하이퍼 퍼스널라이제이션(Hyper Personalization)이라고 한다. 퍼스널라이제이션은 소비자가 온라인 상에서 제공하는 정보를 바탕으로 맞춤화된 서비스를 제공하는 것인 반면에 하이퍼 퍼스널라이제이션은 소비자의 기본 정보와 소비자가 온라인에서 보여준 행동정보를 결합하여 맞춤화된 서비스를 제공하는 것이다. 생성형 인공지능이 탑재된 챗봇은 기본 소비자의 정보에 더해 소비자의 행동정보를 동시에 분석하여 소비자가 가진 기대 이상의 서비스를 제공할 수 있다. 소비자는 기대하지 않았던 서비스를 받았을 때 브랜드에 대한 새로운 경험을 하게 되고 브랜드가 제공한 서비스에 만족하게 된다. 생성형 인공지능이 탑재된 챗봇으로는 세일즈포스가 개발한 인공지능 챗봇 아인슈타인(Einstein)과 소셜미디어와 같은 텍스트 인터페이스를 사용하여 대화가 가능한 그로스 봇(Growth Bot) 등이 있다.

5. 미래 광고의 궁극의 목표 - 브랜드 경험

지금까지 언급된 광고에서의 디지털 기술과 데이터 기술이 바탕이 된 데이터가 광고산업에 가져온 큰 영향은 소비자의 역할이 중요해졌다는 점과 발전된 기술이 소비자의 브랜드 경험에 큰 영향을 준다는 점으로 결론을 내릴 수 있다. 브랜드와 소비자가 디지털/데이터 기술로 서로 소통을 하면서 소비자는 브랜드에 대해 새로운 경험을 하게 된다. 마지막으로 경험에 대한 개념의 설명과 인공지능 시대의 경험의 역할에 대해 알아보자.

경험이라는 단어는 일상생활에서 흔히 사용하는 단어이긴 하나 막상 이 단어를 정의하라고 하면 참 쉽지 않다. 고대 그리스의 철학자들부터 세상을 이해하는 인식론의 개념에서 경험이란 단어를 써오기 시작했고, 특히 18세기에 영국의 경험론과 대륙의 합리론이 대립을 하면서 경험이란 개념이 세상을 인식하는 도구로서 본격적으로 고려되기 시작하였다. 경험론의 대표적인 철학가인 데이비드 흄은 경험을 인상(Impression)과 관념(idea)라는 두가지 개념으로 설명하였다. 관념은 인상이 복제품이라는 가설을 주장하면서 인간이 감각을 통해 들어온 인상이 같은 형태의 관념이라는 지식으로 저장되어 세상을 이해한다고 하였다. 흄이 주장한 두가지 개념은 후대의 철학자와 심리학자들이 경험을 설명할때 그 기본이 되고 있다. 영국의 철학자 마이클 오크숏(Michael Oakeshott)은 그의 저서 *Experience and Its Modes*에서 경험을 Experiencing과 What is experienced로 정의하고 있다. 이 두가지 개념은 데이비드 흄이 주장한 인상과 관념과 비슷한 시각에서 경험을 설명한다. 즉, 인간의 감각을 통해 정보를 습득하는 과정을 인상, Experiencing으로 정의를 하고, 습득된 정보가 지식으로 저장된 상태인 관념, What is experienced로 설명하고 있다. 경험을 이렇게 두가지 개념으로 이해하는 현상은 2001 노벨 경제학상 수상자인 카네만(David Kahneman)교수의 저서 *Thinking Fast and Slow*에서 보여지는 경험하는 자아(Experiencing Self)와 기억하는 자아(Remembering Self)라는 두 가지 자아로 설명하는데 두 가지 자아는 흄과 오크숏의 두가지 개념과 일맥상통한다. 카네만이 경험하는 자아는 흄의 인상과 오크숏의 과정으로서의 경험과 같은 개념의 자아를 말하고 있으며, 기억하는 자아는 흄의 관념과 오크숏의 경험과정의 결과로서 경험된 것과 같은 개념의 자아를 말한다. 따라서, 인간의 경험은 인간이 가진 다섯가지 감각을 통해 외부의 정보를 수집하는 '과정'과 그 과정의 결과 인간이 가지게 된 '지식'을 지칭한다고 하겠다. 카네만은 두 가지 자아를 설명하면서 기억하는 자아에 대한 중요성을 언급하였다. 그는 "경험하는 자아는 스스로 가지고 있는 목소리가 없다. 기억하는 자아는 다소 정확하지 못할 수는 있지만 우리가 삶으로부터 배운 것들을 관장하고, 또 우리가 내리는 결정을 하는 주체이다"라고 한다(p. 381). 즉, 우리가 일상생활에서 흔히 말하는 말인 '내 경험에 의하면…' 처럼, 개인 스스로의 삶으로 부터 얻은 지식이 그 개인의 미래의 삶을 살아나갈 수 있는 또 어떤 결정을 내릴 수 있는 기준이 된다는 것이다. 이 모든 개념을 아우르는 것이 경험이라고 할 수 있다.

1997년 머신러닝에 대한 정의를 내린 카네기 멜론 대학의 탐 미첼(Tom Mitchell)교수는 그의 저서 *Machine Learning*에서 머신러닝의 세 가지 요소를 경험(Experience), 과업(Task), 실행(Performance)으로 소개했다. 그 중 경험은 머신러닝을 위해 가장 중요한 요소인 데이터를 지칭하는 개념이었다. 즉, 컴퓨터가 학습을 하기 위해 제공되는 그 많은 정보와 지식을 '경험'이란 단어를 사용하여 정의하였다. 이 관점에서의 경험은 과거와 현재의 불특정 다수의 노력으로 인해 축적된 사회적 지식, 데이터이다. 오크숏의 개념에 의하면 What is experienced 이다. 즉 역사속의 개인들에 의해 경험되고 축척되어진 지식이 데이터로 활용되어 미래를 예측하는데 사용되는 것이다.

이러한 논리를 적용하면 소비자가 구글 등 서치엔진을 통한 검색 과정에서 얻어지는 것들이 단순한 '정보 (Information)'란 개념을 넘어서 타인의 경험이라고 볼 수 있다. 카네만이 말했듯이 인간 행동 결정의 준거가 되는 것은 '기억하는 자아'의 역할이고 그것은 경험하는 자아를 통해 축적된 개인의 지식을 언급하는 것이다. 소비자는 그 누군가의 개인적 경험을 정보로 습득하여 스스로의 의사결정의 준거로 활용하고, 자신의 경험을 디지털 미디어에 공유하면서 또 다른 누군가의 의사결정에 영향을 미치는 과정을 가지고 있는 것이다. 즉, 매스 미디어 시대의 수동적인 소비자의 입장에서 디지털 미디어 시대의 능동적인 소비자들은 타인의 경험을 데이터의 형태로 받아들여 정보를 처리하고 의사결정을 하며, 자신의 경험을 데이터의 형태로 디지털 미디어에 공유하면서 타인에게 정보로 제공하고 있다.

1970년 이전 부터 소비자 경험(Consumer Analysis)라는 개념으로 마케팅 연구에 등장하기 시작한 경험의 개념은 1990대 부터 마케팅에서 본격적으로 사용되기 시작하였다. 1999년 하버드 교수인 파인과 길모어(Pine & Gilmore)는 경험경제(Experience Economy)라는 개념을 소개하면서 미래의 경제는 개인의 '경험'을 사고 파는 경험경제가 될 것임을 예고 했으며, 같은 해 콜럼비아 대학의 슈미트(Schmitt) 교수는 경험 마케팅의 개념을 소개하면서 마케팅에서의 경험의 다섯가지 모듈을 소개하였다. 이 개념은 10년뒤 슈미트 교수의 제자인 브라커스(Brakus) 교수에 의해 브랜드 경험(Brand Experience)라는 개념으로 발전이 되었다. 이후 마케팅과 광고연구에서 브랜드 경험의 개념은 주로 디지털 마케팅, 디지털 광고, 스폰서쉽 효과의 연구들에 종속변인 또는 매개변인으로 연구가 되고 있다.

학계의 이러한 흐름과 발맞춰 광고 크리에이티브에도 테크놀로지의 적용으로 소비자가 직접 참여할 수 있는 새로운 크리에이티브 아이디어들이 제시되고 있다. 크리에이티브 테크놀로지라는 개념으로

2010년대 초부터 BTL캠페인을 위주로 나타나고 있다. 칸 광고제를 비롯한 세계적 또는 지역의 광고 페스티벌에서도 테크놀로지를 사용한 크리에이티브 캠페인들이 주요 상을 수상하고 있다. 크리에이티브 테크놀로지의 핵심은 기술을 사용하여 능동적인 소비자들에게 브랜드와 제품을 직접 또는 간접으로 경험을 할 수 있게 해주는 것이며, 또한 크리에이티브 테크놀로지 캠페인이 제공하는 현장에서 직접 경험하면서 '놀이 (Play)'를 할 수 있게 해준다는 것이다. 즉, 앞에서 언급한 몰입의 두 개념인 플로우와 놀이의 상태를 소비자가 브랜의 캠페인에 직접 참여하여 경험할 수 있다는 점이다.

미래의 광고 핵심은 기술과 소비자의 능동성이다. 소비자는 보다 더 많은 권력을 가지고 미디어 또는 컨텐트를 선택하게 될 것이고, 테크놀로지에 기반을 둔 브랜드 메시지 또는 광고는 각 소비자의 관련성에 맞춘 정보를 지속적으로 제공하고, 영상 또는 문자에 기반을 둔 설득보다는 소비자의 직접 체험을 유도하여 제품구매를 유도하거나 좋은 관계를 형성하게 될 것이다. 이러한 변화는 방대한 데이터의 축적을 바탕으로 이를 가공하고 활용하여 미래를 예측하는 데이터 사이언스의 발달과 같이 할 것으로 보인다.

참고문헌

동아사이언스 (2018. 5.9). [구글 I/O 2018] 1. 이제 진짜 말귀를 알아듣는 구글 인공지능. https://www.dongascience.com/news.php?idx=22377

윤도일 (2019. 11. 28). 데이터 사이언스 시대의 광고의 변화: 3편 데이터 시대의 광고의 새로운 방향. HSAdzine. https://blog.hsad.co.kr/2819

윤도일 (2019. 11. 13). 데이터 사이언스 시대의 광고의 변화: 2편 디지털 광고 정보 처리. HSAdzine. https://blog.hsad.co.kr/2815

윤도일 (2019. 10. 24). 데이터 사이언스 시대의 광고의 변화: 1편 미디어와 소비자. HSAdzine. https://blog.hsad.co.kr/2804

윤도일 (2018. 9. 27). 광고 마케팅에서의 데이터 사이언스: 3편 데이터 사이언스와 소비자 경험. HSAdzine. http://blog.hsad.co.kr/2620

Brakus, J. J., B. H. Schmitt, & L. Zarantonello (2009). "Brand Experience: What Is It? How Is It Measured? Does It Affect Loyalty?" Journal of Marketing, 73, 52-68.

Csikszentmihalyi, M. (1990). Flow: The psychology of optimal experience. HarperCollins Publisher.

Hoffman, D. L. & Novak, T. P. (1996). Marketing in hypermedia computer-mediated environments: Conceptual foundations. Journal of Marketing 60, 50–68.

Kahneman, D. (2011). Thinking, fast and slow. Farrar, Straus and Giroux.

Mathwick, C. & Rigdon, E. (2004). Play, flow, and the online search experience. Journal of Consumer Research, 31(2), 324-332.

Oakeshott, M. (1933). Experience and its modes. Cambridge University Press.

Pine II, B. J., & Gilmore, J. H. (1999). The experience economy. HBS Press.

Yoon, D., & Youn, S. (2016). Online brand experience: Its mediating role between perceived interactivity and relationship quality. Journal of Interactive Advertising, 16(1), 1-15.

AI를 활용한 디지털 광고의 미래 전략

조준혁

　본 장에서는 'AI를 활용한 디지털 광고전략 수립 방법'에 대해 다루고자 한다. 2022년 11월, 대규모 언어 모델(Large Language Model, LLM)을 기반으로 한 대화형 서비스인 Chat Gpt가 세상에 첫 선을 보였다. 이에 대응하여, 구글은 바드를, 네이버는 하이퍼클로바X를 경쟁적으로 출시하고 있다. 생성형 AI 시장은 하루가 멀다하고 새로운 서비스가 등장하며 급속도로 발전해가고 있다. Chat Gpt가 출시된 지 1년이 채 지나지 않아, 이제는 대규모 언어 모델을 넘어 대규모 멀티 모달(Large Multi Modal)시대가 도래하고 있다. 오픈 AI사에서는 GPT-4V를 출시하였고, 마이크로소프트에서 이에 대한 관련 논문을 2023년 9월에 그림 1과 같이 공개한 바 있다.

　이제 AI는 텍스트뿐만 아니라 이미지와 음성도 인식하고, 그 결과를 제공한다. 엑스레이 사진이나 MRI를 전문가처럼 판독하거나, 김밥 만드는 사진을 순서대로 정렬하는 것도 가능하다. 다이어그램을 입력하면 해석이 가능하며, 다국어 이미지에 대한 해석도 가능하다.

그림 1. 마이크로소프트-gpt-4v 논문

The Dawn of LMMs:
Preliminary Explorations with GPT-4V(ision)

Zhengyuan Yang*, Linjie Li*, Kevin Lin*, Jianfeng Wang*, Chung-Ching Lin*,
Zicheng Liu, Lijuan Wang*♦
Microsoft Corporation

* Core Contributor   ♦ Project Lead

Abstract

Large multimodal models (LMMs) extend large language models (LLMs) with multi-sensory skills, such as visual understanding, to achieve stronger generic intelligence. In this paper, we analyze the latest model, GPT-4V(ision) [98–101, 1][1], to deepen the understanding of LMMs. The analysis focuses on the intriguing tasks that GPT-4V can perform, containing test samples to probe the quality and genericity of GPT-4V's capabilities, its supported inputs and working modes, and the effective ways to prompt the model. In our approach to exploring GPT-4V, we curate and organize a collection of carefully designed qualitative samples spanning a variety of domains and tasks. Observations from these samples demonstrate that GPT-4V's unprecedented ability in processing arbitrarily interleaved multimodal inputs and the genericity of its capabilities together make GPT-4V a powerful multimodal generalist system. Furthermore, GPT-4V's unique capability of understanding visual markers drawn on input images can give rise to new human-computer interaction methods such as visual referring prompting. We conclude the report with in-depth discussions on the emerging application scenarios and the future research directions for GPT-4V-based systems. We hope that this preliminary exploration will inspire future research on the next-generation multimodal task formulation, new ways to exploit and enhance LMMs to solve real-world problems, and gaining better understanding of multimodal foundation models. Finally, we acknowledge that the model under our study is solely the product of OpenAI's innovative work, and they should be fully credited for its development. Please see the GPT-4V contributions paper [101] for the authorship and credit attribution: https://cdn.openai.com/contributions/gpt-4v.pdf.

Contents

List of Figures 4

1 Introduction 8
 1.1 Motivation and Overview 8
 1.2 Our Approach in Exploring GPT-4V 8
 1.3 How to Read this Report? 9

---

[1]This report explores GPT-4V(ision) with the vision capability and refers to the model as "GPT-4V," following the OpenAI reports [98, 99]. We refer to the text-only version of the model as "GPT-4 (no vision)" [99].

이렇게 생성형 AI의 급속한 발전은 디지털 미디어 환경에 큰 변화를 가져오고 있다. 현재 광고 환경을 살펴보면, 생성형 AI 기반의 광고 상품에 대한 형태가 이미 구체화되어 테스트되고 있다. 이에 따라 기존의 광고 전략을 새롭게 보완하고 발굴할 필요성이 대두되고 있다. 또한, 이용자가 남기고 있는 온라인 데이터를 활용하여 AI 기술을 광고 전략에 접목하는 방법 또한 필요하다.

본 장에서는 이러한 필요성을 인식하고, AI기반 디지털 광고 전략 수립을 위해 필요한 데이터를 살펴보며, AI가 활용되어 더욱 중요해진 광고 전략 단계를 살펴보도록 한다. 또한, 서비스뿐만 아니라 디지털 광고 상품에 대한 형상도 생성형 AI 기반으로 구체화되고 있음을 확인하고, 이를 통해 제품 기획, 마케팅, 광고 제작 등 다양한 방법으로 생성형 AI를 활용하는 방법에 대해 살펴보도록 한다.

1. AI 디지털 광고 전략을 위한 준비 : 데이터

우리의 일상은 다양한 온라인 활동들로 이루어져 있다. 출근 전 날씨를 검색하고, 약속 장소를 정하기 위해 식당이나 카페의 후기를 찾아보며, 퇴근 후에는 유튜브 동영상을 즐기거나 온라인 쇼핑을 하곤 한다. 주말에는 미용실을 다녀오고 소셜 미디어에 머리한 후의 애프터 사진을 게시하기도 한다. 이런 일상적인 활동들은 모두 데이터로 각 사이트에 축적되고 있다. 이 데이터는 소비자의 이용 행태, 관심사, 심지어 감정까지도 파할 수 있다.

과거에는 소비자의 구매 의사 결정 과정을 직접적이고 즉각적으로 파악하기 어려웠다. 대부분의 정보는 사후적인 설문조사나 인터뷰를 통해 간접적으로 얻어졌다. 하지만 디지털 시대에는 데이터를 통해 소비자의 위치를 실시간으로 파악할 수 있게 되었다. 광고를 집행하거나 사이트를 런칭한 후 몇 시간 안에 소비자의 반응을 파악할 수 있다. 또한 데이터를 기반으로, 구매 여정 중 어느 단계가 구매에 부정적인 영향을 미치는지 파악하고, 그를 극복할 광고 목표를 설정할 수 있다.

디지털 미디어 환경의 변화에 따라, 소비자의 의사결정 과정은 과거의 선형 구조에서 그림2, 그림3과 같이 비선형적이고 다이내믹한 구조로 바뀌고 있다. 인공지능 기술이 적용되어 소비자의 관심사를 파악하고 소비자가 선호할 제안을 하면, 소비자의 의사결정 과정은 과거보다 단축될 수 있다. 이런 변화 속에서, 광고의 목표는 실질적인 소비자의 행동 변화를 이루는 것이 중요해졌다.

그림 2. 소비자의 의사 결정 과정(딜로이트)

그림 3. 소비자 구매 여정 (구글)

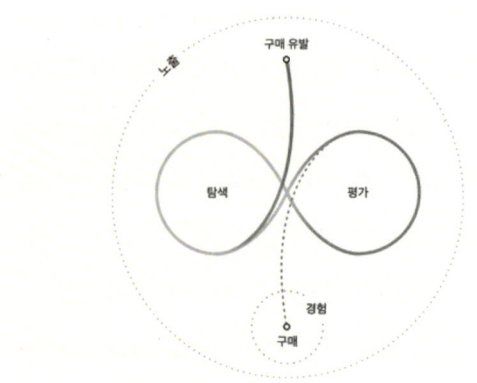

그러므로, 고객의 의사 결정 여정을 세부적으로 파악하고, 이를 바탕으로 맞춤형 광고 전략을 설계하는 것이 매우 중요해졌다. AI가 예측과 제안을 하기 위해서는, 방대한 기존 데이터를 학습하는 것이 필요하다. 이런 관점에서, 일상에서 쌓이는 데이터는 AI를 활용한 광고의 기회가 될 수 있다. 데이터를 분석하고 활용하기 위해서는 먼저 데이터의 유형을 파악하는 것이 중요하다.

1) 소비자 데이터

데이터에 대한 유형은 데이터를 수집하는 주체가 누구인지에 따라 네 가지 유형으로 분류할 수 있다. 구체적으로 퍼스트 파티(First-party) 데이터, 세컨드 파티(Second-party) 데이터, 서드 파티(Third-party)데이터, 제로 파티(Zero-party) 데이터이다.

먼저 퍼스트 파티 데이터는 회사가 직접 수집하는 데이터이다. 사이트에 회원 가입을 할 경우 필수적 혹은 선택적으로 남기는 정보가 이에 해당한다. 또한 사이트를 방문하기 전 어떤 경로를 통해 방문했으며 방문 후에는 어떤 키워드로 검색하고 어떤 페이지를 이용했고 각 페이지별로 체류시간은 어떠하고 어떻게 행동하였는지에 대한 데이터도 퍼스트 파티 데이터에 해당된다.

최근에는 퍼스트 파티 데이터와 구분하여 제로 파티(Zero-party) 데이터가 중요한 영역을 차지하게 되었다. 제로 파티 데이터는 소비자가 자신의 취향이나 관심사 등 정보를 회사에 직접적으로 제공하는 데이터이다. 예를 들어 넷플릭스에 처음 접속하여 프로필을 생성할 때 자신이 좋아하는 콘텐츠 유형을 스스로 남기는데, 이 때 자발적으로 제공하는 데이터가 제로 파티 데이터이다. 제로 파티 데이터와 퍼스트 파티 데이터를 활용하여 회사는 AI학습을 시킬 수 있고 고객이 어떠한 콘텐츠를 좋아할 지에 대한 예측 확률을 높일 수 있다.

세컨드 파티 데이터는 수집되는 정보는 퍼스트 파티 데이터와 동일하지만 수집 주체가 다른 회사에서 수집된 데이터이다. 따라서 보통 제휴 계약을 통해 상호 간의 데이터를 활용한다. 이 때 각 회사의 데이터 구조가 다르기 때문에 데이터를 정제하여 분석할 필요가 있다.

서드 파티 데이터는 자사가 아닌 제3자가 수집한 데이터이다. 자사가 제조한 상품에 대한 홍보를 위해 네이버, 구글, 인스타그램 등을 이용하거나 상품을 팔기 위해 네이버 스마트 스토어, 쿠팡 채널을 이용할 경우, 네이버, 구글, 메타, 쿠팡 등에는 많은 양의 데이터들이 쌓인다. 그러나 자사의 사이트에서 직접 갖고 있는 데이터가 아니라는 점, 개인정보 보호법을 준수해야 하는 점 등이 있어 제공되는 정보량에는 한계가 있다. 또한 해당 데이터는 가공되어 간접적으로 경쟁사에서도 이용할 수 있다. 최근에는 구글과 애플이 서드파티 쿠키 수집과 제공을 제한하면서 서드 파티 데이터의 활용성에 한계가 생기고 있다. 이로 인해 최근에는 퍼스트 파티나 제로 파티 데이터 등 자사가 컨트롤할 수 있는 데이터에 대한 중요성이 커지고 있다.

그림 4. 포레스터 리서치의 4가지 소비자 데이터 유형

	Inferred	Observed	Self-reported
Third-party data	Inferred household income	Mobile device ID Set-top box data Purchase preferences	Social media page likes
Second-party data	Product/category preferences	Web cookie data	Self-identified household income
First-party data	Cross-device identity matching	Loyalty program activity Purchase history	Date of birth Mailing address
Zero-party data			Preference data (e.g., email opt-ins) Feedback surveys

FORRESTER

과거에는 데이터가 없어서 분석이 힘들었다면 지금은 많은 양의 데이터를 목적에 맞게 정제하고 가공하는 과정이 복잡한 경우가 많다. 같은 회사 안에서도 부서마다 제각각 다른 형태로 데이터를 보유하고 있어 소비자의 이용 및 구매 여정을 하나의 시각으로 분석하기 힘든 경우도 많다. 따라서 기업이 보유하고 있는 모든 소스의 데이터를 구조화시켜 관리할 수 있는 데이터 관리 플랫폼(Data Management Platform)을 구매하거나 구축하고 있다. DMP는 개인에 대한 식별이 불가능한 서드 파티 데이터를 주로 활용하지만 특정 세그먼트에 대해 타기팅하여 새로운 고객을 창출할 수 있어 유용하다. 또 다른 유형의 플랫폼인 고객 데이터 플랫폼(Customer Data Platform)의 경우, 개인 식별 정보가 담긴 퍼스트 파티 데이터를 바탕으로 기존 고객을 관리하고 재구매를 유도하고 고객 충성도를 높일 수 있다.

2) 자사 데이터 구축

앞서 설명한 대로 서드 파티 데이터는 정보에 대한 활용 폭에 한계가 있어 기업들은 퍼스트 파티 데이터 수집 및 관리를 강화하고 있다. 이를 통해 자사의 오프라인과 온라인 매장을 방문한 고객들의 프로파일 데이터와 행동 데이터를 수집하여 고객의 관심사, 취향, 이용 주기에 따라 개인별로 최적화된 마케팅을 할 수 있다(조준혁, 김희은, 2023). 애플, 나이키와 같은 회사들은 자사가 운영하는 오프라인과 온라인 매장을 중심으로 제품을 판매하는 D2C(Direct To Consumer) 모델을 강화하고 있다. 이를 통해 쌓은 고객들의 구매 데이터를 바탕으로 타기팅된 마케팅을 진행하고 고객 충성도를 높이는 전략을 취하고 있다.

2. AI가 적용되면서 달라진 광고 전략

AI가 적용되면서 광고 전략에서 가장 크게 달라진 부분 중 하나로 광고 타깃 설정과 개인 맞춤형 광고 운영, 빠른 결과 측정 및 운영 최적화를 들 수 있다. AI는 방대한 양의 데이터를 분석하여 사용자의 행동, 선호도, 관심사에 대한 인사이트를 확보하고 개인화된 광고를 제공할 수 있다. 또한 AI는 광고 카피와 헤드라인을 작성하고 사용자의 반응과 행동을 기반으로 광고를 실시간으로 최적화할 수 있다.

1) 광고 타깃 설정 단계

AI의 적용은 광고의 타깃 설정 단계에도 큰 변화를 가져왔다. 과거에는 연령, 성별, 지역 등의 인구통계학적 특성이나 라이프스타일, 취미 등의 데이터만 활용할 수 있었다. 하지만 AI의 발전으로 이제는 방대한 양의 데이터를 학습하며, 소비자의 행동과 문맥(Context)를 기반으로 한 타깃 설정이 가능해졌다. AI는 적절한 세그먼트와 오디언스를 파악하고, 그들의 규모를 측정할 수 있다. 이를 통해 특정 오디언스를 대상으로 광고 메시지를 타깃팅하고 개인화할 수 있게 되었다. 따라서 타깃 오디언스가 누구인지 정의하고, 이들의 관심사와 선호도에 맞는 타깃팅 광고 전략을 개발하는 것이 더욱 중요해졌다 (조준혁, 김희은, 2023).

이러한 배경 하에 구글 애널리틱스에서는 AI를 활용하여 잠재고객의 인구통계학적 구성, 잠재고객의 유입경로, 주요이탈지점, 관심있는 상품, 구매자 그룹별 재구매 가능성 등을 제공하고 있다.

그림 5. 구글 애널리틱스 사례

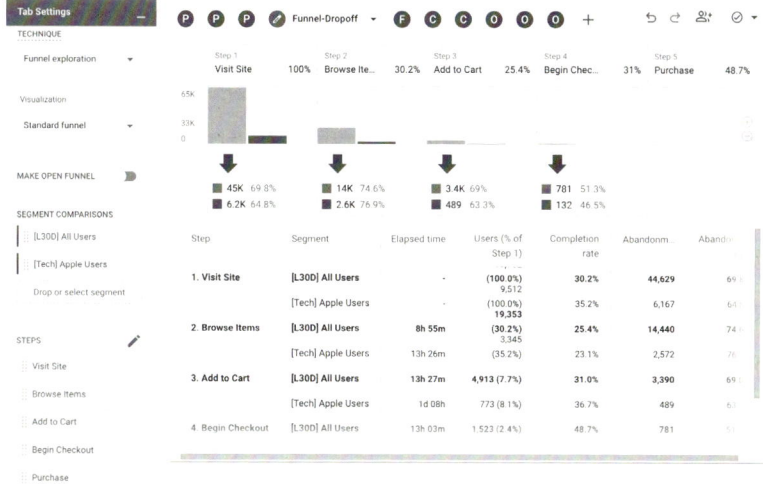

2) 운영/결과 측정/최적화 단계

AI 적용이 확대되면서 더욱 달라질 것으로 예상되는 분야가 중의 하나가 디지털 광고의 운영 측면이다. 광고의 형태가 검색형에서 대화형으로 변화하며, AI는 기존에 광고 매칭이 어려웠던 롱테일 형태의 키워드에도 적합한 광고를 노출할 수 있게 되었다. 이는 광고의 범위를 확장하는 데 큰 도움이 된다. 또한, AI는 노출된 광고의 효과를 짧은 시간 내에 판단할 수 있다. A/B 테스트를 통해 분석된 결과를 바탕으로 광고를 최적화하고, 이를 즉시 적용하는 것이 가능하다. 광고를 클릭한 후 랜딩페이지에서의 성과를 즉시 확인하고, 필요한 개선 사항을 바로 적용할 수 있다. AI는 광고 전략 수립에 필요한 가설과 전략 준비 시간을 단축하는 데 큰 도움을 주며, 광고 실행 후에도 즉각적인 피드백을 제공한다. 이러한 역할을 하면서 AI는 광고 전략을 계속 빠르게 발전시켜 나가는데 있어 핵심적인 역할을 수행한다.

3. 생성형 AI 기반 디지털 광고

데이터의 패턴과 관계를 학습하고 그 지식을 바탕으로 새로운 콘텐츠를 생성하는 생성형 AI(Generative AI)는 최근 폭발적으로 활용도가 증가하고 있다. 예를 들어, 빙의 대화형 검색 결과에는 대표적인 생성형 AI 서비스인 챗 GPT가 파트너가 제공한 정보를 반영해 더 자세한 정보를 얻을 수 있는 파트너 페이지 링크를 표시한다(Microsoft Bing, 2023.03.29). 생성형 AI 기반 챗봇은 소비자의 고유한 관심사를 파악하여 구매 여정에 따라 제품을 제안하고 광고를 표시할 수 있다(Techcrunch, 2023.03.29.). 또한 생성형 AI기반 챗봇은 소비자의 검색 여정에 따른 관심사를 파악하고 구매 여정의 모든 단계에 맞춤화된 관련성 있는 광고를 노출한다(Techcrunch, 2023.03.29). 구글은 생성형 AI를 활용하여 검색 생성 경험(Search Generative Experience) 광고를 실험하고 있다. 예를 들어, 사용자가 "마우이에서 할 수 있는 야외 활동"을 검색하고 "어린이를 위한 활동"과 "서핑"에 대해 질문하기 위해 검색 범위를 더 좁히면 서핑 강습을 홍보하는 여행 브랜드의 맞춤형 광고가 표시되는 방식이다(Google, 2023. 05.23). 이러한 챗봇은 구매 과정에서 문제가 생겼을 때 사람이 없어도 신속히 대응하며 충성도를 높일 수 있는 역할도 가능하다.

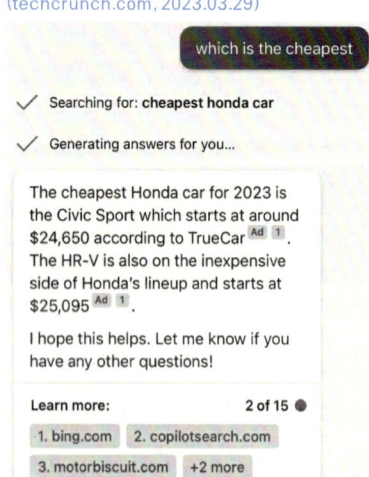

그림 6. 생성형 AI를 통한 광고 예시
(techcrunch.com, 2023.03.29)

그림 7. 구글 생성형 AI 광고 예시

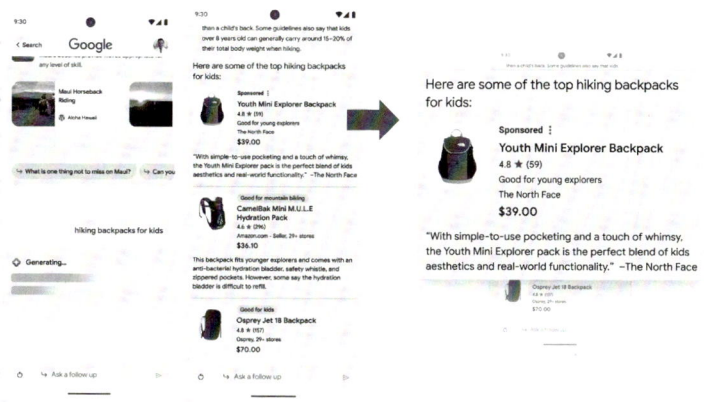

생성형 AI 모델에서 가장 큰 문제점 중의 하나는 할루시네이션 (hallucination, 환각 혹은 거짓정보)이다. 생성형 AI의 답변이 거짓 정보이고 이와 관련된 광고가 노출된다면 소비자 입장에서 브랜드에 대한 신뢰도가 낮아질 우려가 있다. 할루시네이션을 줄이기 위해 국내외의 AI 모델은 다양한 방안을 내놓고 있다. 예를 들어 네이버는 브랜드가 보유한 콘텐츠 혹은 네이버 안에 축적된 브랜드 콘텐츠 데이터를 선별해서 통제가능한 LLM 모델을 구축하여 브랜드가 제안한 정보 내에서 답변을 하며 거짓정보 생성을 차단하는 방향을 제안하고 있다(윤종호, 2023).

그림 8. 브랜드 데이터를 활용한 거짓 정보 차단 사례

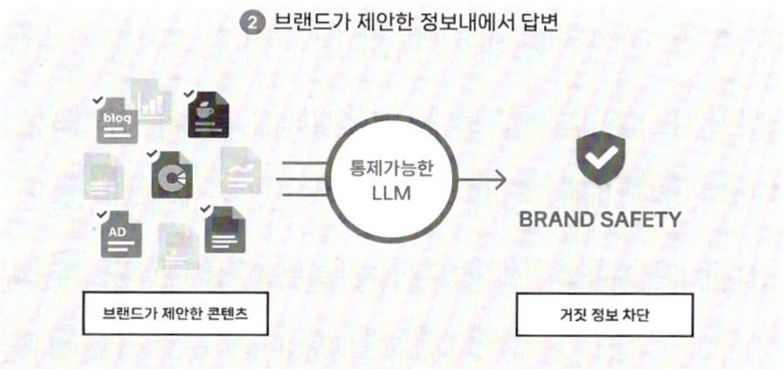

그림 9. 네이버 AI 대화형 광고 사례 – 나이키

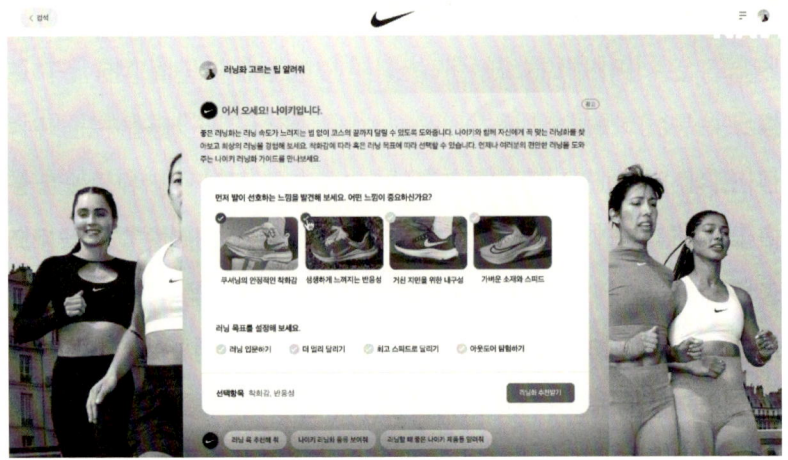

4. 생성형 AI를 광고 업무에 활용하기

2022년 11월 30일 챗 GPT 베타 버전이 처음 발표된 이후 1년도 안된 사이에 구글에서는 바드를, 네이버에서는 하이퍼 클로바X를 발표했다. 기업의 담당자들은 광고 전략 수립하기 위한 AI비서로 이러한 툴들을 스마트하게 활용할 수 있다.

생성형 AI는 광고 업무에 효율성을 가져다 줄 수 있다. 생성형 AI의 답변은 기본적으로 방대한 양의 데이터를 학습하여 도출된 결과이다. 따라서 생성형 AI는 특정 주제와 관련하여 기존에 사람이 일일이 검색하고 학습을 해야 했던 시간을 획기적으로 줄여주고 핵심만 요약해서 제공해줄 수 있다. 환경 분석, 광고 컨셉 도출, 광고 문구 작성 등 광고 전략의 많은 단계에서 기존 히스토리에 대한 요약 정보를 얻을 수 있다. 이를 통해 본질적인 업무, 창의적인 업무에 시간을 좀 더 투자할 수 있다.

인간도 자라온 배경과 환경이 다르고, 각자 지식과 판단 능력이 다르듯이 오픈AI사의 Gpt 3.5, Gpt 4 모델, 구글의 팜(PaLM)2, 네이버의 하이퍼클로바X는 학습한 기반 데이터들이 서로 다르다. 따라서 해당 언어 모델을 사용하는 대화형 AI서비스는 당연하게도 결과가 다를 수 밖에 없다. 또한 기존에 학습된 데이터들과 이전의 질문을 바탕으로 다음에 나올 답변에 대한 예측을 하기 때문에 어떠한 질문을 하느냐에 따라 답변도 달라지고, 동일한 질문에 대해서도 답변이 달라질 수 있다. 따라서 특징이 서로 다른 대화형 AI 서비스를 적절히 활용하는 것이 중요하다. 뤼튼 서비스의 경우, 서로 다른 4가지 언어 모델을 채택하여 답변을 받을 수 있도록 제공하고 있다.

예를 들어 강아지 옷에 대한 광고를 기획할 때, 필수적으로 고려해야 할 포인트를 찾는다거나 혹은 기존에 많이 언급되었던 요소들을 찾기 위해 생성형 AI를 활용할 수 있다. 생성형 AI의 답변을 통해 검색 시간을 줄여 놓치지 말아야 할 기본적인 사항을 빨리 파악한 후 본질적인 시간을 파악하는 것도 생성형 AI를 활용하는 하나의 방법이 될 수 있다. 다만 중요한 것은 생성형 AI의 답변 결과를 그대로 쓰는 것이 아니라 이를 바탕으로 본질적인 부분에 대해 고민을 하는 것이다. 아래 그림처럼 여러 모델에서 공통적으로 언급된 키워드들이 있다면 이들은 광고에서 언급할 주요 키워드로 고려할 것인지 아니면 반대로 기존과 차별화하기 위해 이러한 키워드들을 배제하는 전략을 가져갈 것인지, 참고만 할 것인지에 대해서는 각자의 판단이 필요하다. 또한 한 번의 질문과 답변에 그치는 것이 아니라 후속 질문을 각자 어떻게 하는지에 따라서도 결과 활용에 차이가 크게 날 수 있다. 질문을 잘 하기 위해서는 기본적으로 각자의 브랜드에 대한 이해, 광고 방향성에 대한 이해가 있어야 한다.

그림 10. 동일한 질문에 대한 챗 GPT, 바드, 클로바X의 답변

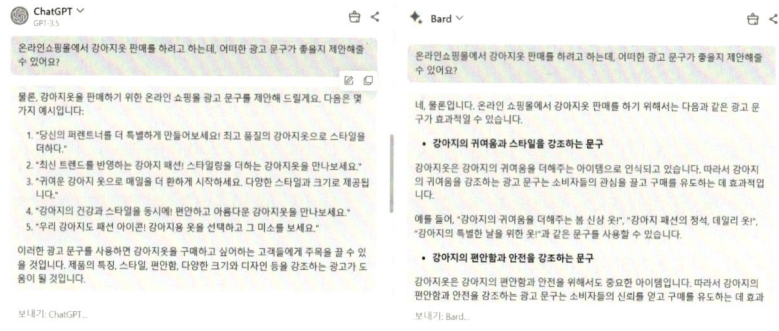

온라인쇼핑몰에서 강아지옷 판매를 하려고 하는데, 어떠한 광고 문구가 좋을지 제안해줄 수 있어요?

네, 온라인 쇼핑몰에서 강아지 옷을 판매할 때 사용할 수 있는 광고 문구를 제안해드리겠습니다.

1. "우리 강아지를 위한 특별한 옷, 여기서 만나보세요!"
2. "강아지의 피부에 자극이 없는 부드러운 소재로 제작된 옷, 지금 바로 만나보세요!"
3. "강아지의 활동성을 고려한 디자인으로 제작된 옷, 지금 바로 만나보세요!"
4. "강아지의 건강을 고려한 기능성 소재로 제작된 옷, 지금 바로 만나보세요!"
5. "강아지의 체형에 맞는 맞춤형 제작이 가능한 옷, 지금 바로 만나보세요!"
6. "강아지의 취향에 맞는 다양한 디자인의 옷, 지금 바로 만나보세요!"
7. "강아지의 안전을 고려한 안전한 소재로 제작된 옷, 지금 바로 만나보세요!"
8. "강아지의 편안함을 고려한 편안한 디자인으로 제작된 옷, 지금 바로 만나보세요!"

생성형 AI가 확산되면서 각 회사들은 독립적으로 자사 제품 개발이나 마케팅을 위한 AI플랫폼을 구축하고 있다. 편의점 GS25는 아숙업(AksUP)이라는 생성형 AI를 활용해 '아숙업 레몬스파크 하이볼'이라는 신제품을 선보였다. 이 과정에서 챗 GPT기반의 아숙업(AksUP)은 '맛있는 하이볼 레시피를 알려줘', '캔 디자인은 어떻게 해야 좋을까?' 등의 질문을 주고받으며 제품 기획에 중요한 역할을 하였다(류빈, 2023). SPC삼립은 온라인 커머스, 소셜 미디어, 오프라인 매장에서 얻은 데이터를 AI를 통해 분석하고, 그 결과를 바탕으로 제품 아이디어, 설명 문구, 샘플 이미지 등을 제작하고 있다. 이러한 사례들을 통해 알 수 있는 것은, 최신 데이터를 기반으로 AI를 활용하면 시장의 트렌드를 빠르게 파악하고 이를 제품에 반영할 수 있다는 점이다. 이런 장점은 광고 전략에도 그대로 적용될 수 있다. 온라인 후기, 소셜 미디어의 버즈, 구매 데이터 등을 AI를 통해 분석하면, 이를 광고 문구에 빠르고 정확하게 반영할 수 있다. 이를 통해 광고는 더욱 효과적이고, 시장의 반응에 민감하게 대응할 수 있게 된다.

생성형 AI는 텍스트 뿐 아니라 이미지, 영상도 생성할 수 있다. 달리(DALL-E3), 스테이블 디퓨전(Stable Diffusion)과 같이 텍스트를 이미지를 생성하거나, 페나키(Phenaki'와 같이 텍스트를 영상으로 생성하는 서비스도 속속 등장하고 있다. 각 브랜드들도 생성형 AI를 활용하여 광고를 제작하거나 소비자가 생성형 AI를 활용해 광고 공모에 참여하는 캠페인을 열고 있다. 생성형 AI를 활용한 광고 캠페인은 제작 비용 및 시간의 절감 효과 뿐 아니라 최신의 트렌드 및 데이터를 반영할 수 있다는 장점이 있다.

코카콜라는 2023년 3월 소비자가 직접 만든 광고를 공모하는 'Create Real Magic'이 캠페인을 진행했다. 코카콜라는 2021년부터 'Real Magic' 캠페인을 진행해오고 있으며 이번 캠페인은 적극적으로 AI를 활용해, 진짜 'Real Magic'을 만들고자 했다. CreateRealMagic.com이라는 플랫폼을 활용해 누구든지 자유롭게 AI를 활용하여 예술 작품을 올릴 기회를 주고자 했다(HS애드, 2023). 코카콜라는 Open AI사

그림 11. 코카콜라 - Create Real Magic 캠페인

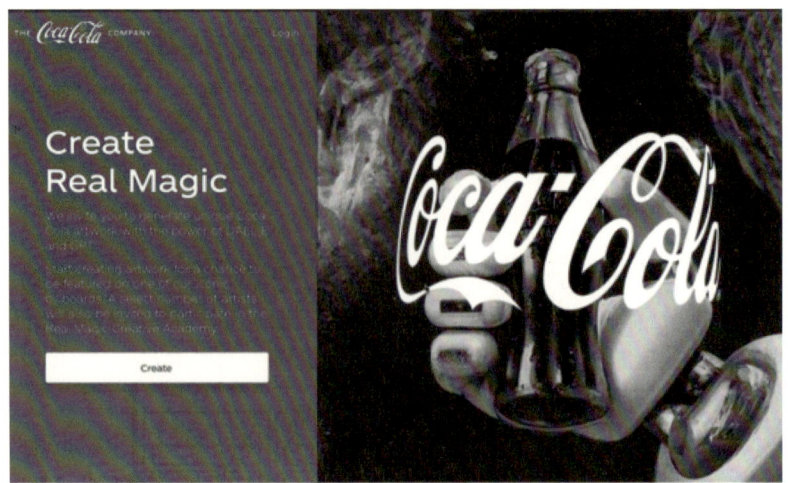

와 협업해 광고 문구 생성을 위해 ChatGPT를, 이미지 생성을 위해 DALL-E를 고객에게 제공했고, 소비자가 제출한 작품 중 선정된 작품을 영국 런던의 피카딜리 서커스나 미국 뉴욕의 타임스스퀘어에 걸었다. 이 캠페인은 생성형 AI를 활용하여 소비자가 능동적으로 코카콜라의 광고를 제작하고 공유하고 확산시킬 수 있다는 가능성을 보여주었다는 점에서 의미가 크다.

국내의 경우, LG유플러스는 AI를 통해 광고 영상을 제작해 자사 유튜브 채널에 공개했다. 광고 시나리오 작성에는 챗 GPT를 활용하고, 영상 생성을 위해서는 이미지 생성 AI 스테이블 디퓨전, 목소리 생성에는 LG유플러스의 자체 음성 AI 기술이 활용되었다. 그 결과 조회수는 한 달 만에 1263만 조회 수를 기록한 반면 광고 제작 비용은 4분의 1로 줄었고 제작 기간도 두 달에서 2주~3주로 줄어들었다(안하늘, 2023).

그림 10. LG유플러스 – AI가 제작한 광고 사례

 챕터를 마무리하며, AI기반 디지털 광고 전략 수립에 있어 핵심적인 요소들을 다시 한 번 짚어보고자 한다. AI를 활용한 디지털 광고 전략의 성공적인 구현을 위해서는 데이터에 대한 깊은 이해가 필요하고 특히 최근에는 자사의 데이터 축적이 중요해졌다. 이를 통해 타깃 설정, 개인화된 광고 노출, 광고 최적화 등 광고 성과 향상에 필요한 요소들을 AI가 적극적으로 지원할 수 있다. 생성형 AI 기반 서비스가 상대적으로 짧은 시간, 즉 1년이 지나지 않은 시점에서도, 이를 활용한 디지털 광고 상품들이 이미 시장에 출시되고 있다. 따라서 제품 기획부터 마케팅, 광고 제작에 이르기까지, 생성형 AI에 대한 적극적인 이해와 활용이 필요하다. 이러한 AI 도구들을 통해 시간과 비용을 절약할 수 있고, 이런 절약된 자원은 광고의 본질적인 방향 설정에 대한 기획에 더욱 집중할 수 있는 기회가 될 수 있다. 결국, AI는 광고의 전략적 수립과 실행에 있어 효율성을 높이는 도구로 작용하고, 이를 통해 기업들은 더욱 효과적인 광고를 통해 소비자들에게 다가갈 수 있게 된다.

참고문헌

류빈 (2023.09.13). "광고부터 제품개발, 초개인화 서비스까지"... 생성형 AI 어디까지. 아시아타임즈. https://www.asiatime.co.kr/article/20230913500295

안하늘 (2023.08.16). "이 광고 진짜 가능해요?" AI가 만든 광고에 주현영도 놀랐다. 한국일보.

　　https://n.news.naver.com/mnews/article/469/0000755271?sid=105

윤종호 (2023. 08.25). "초개인화 경험으로 연결된 생성형 AI 기반 광고. 네이버 CH Tech. https://channeltech.naver.com/contentDetail/48

조준혁, 김희은 (2023). "디지털광고기획신론" 김병희 외. (2023). 학지사.

Devin Coldewey. (2023. March 30). "That was fast! Microsoft slips ads into AI-powered Bing Chat". Techcrunch.

　　https://techcrunch.com/2023/03/29/that-was-fast-microsoft-slips-ads-into-ai-powered-bing-chat/

Forrester https://twitter.com/forrester/status/949002552003235840

Google Ads & Commerce Blog.

　　https://blog.google/products/ads-commerce/ai-powered-ads-google-marketing-live/

HS애드. (2023. 04. 21). AI와의 공존.

　　https://post.naver.com/viewer/postView.naver?volumeNo=35821688&memberNo=40859542&vType=VERTICAL

Google https://www.thinkwithgoogle.com/intl/ko-kr/consumer-insights/consumer-journey/%EC%86%8C%EB%B9%84%EC%9E%90%EC%9D%98-%EA%B5%AC%EB%A7%A4-%EA%B2%B0%EC%A0%95%EC%9D%84-%EC%A2%8C%EC%9A%B0%ED%95%98%EB%8A%94-%EA%B5%AC%EB%A7%A4-%EC%97%AC%EC%A0%95%EC%9D%98-%EB%B3%B5%EC%9E%A1%ED%95%9C-%EC%A4%91%EA%B0%84-%EB%8B%A8%EA%B3%84/

Mark Koscierzynski. The Modern Consumer Decision Making Journey. https://www2.deloitte.com/content/dam/Deloitte/us/Documents/CMO/us-modern-consumer-decision-making-journey.pdf

Yang, Z., Li, L., Lin, K., Wang, J., Lin, C. C., Liu, Z., & Wang, L. (2023). The dawn of lmms: Preliminary explorations with gpt-4v (ision). arXiv preprint arXiv:2309.17421, 9.

찾아보기

ㄱ

가상인간 37, 41, 42, 43, 55
감정분석 162, 163, 164, 165
개인화 광고 25, 26, 75, 88
개인화 서비스 26, 64, 65, 66, 69, 83, 198, 223
검색광고 33, 67, 68, 188, 189, 190, 191, 192, 194
검색 생성 경험(SGE: Search Generative Experience) 193
경험 5, 11, 15, 20, 23, 24, 30, 31, 35, 36, 44, 45, 68, 69, 108, 110, 111, 112, 113, 146, 148, 156, 159, 165, 177, 179, 181, 182, 184, 189, 190, 193, 198, 199, 200, 201, 202, 203, 214, 223, 230
경험경제 201
경험 마케팅 201
고객관계 관리(CRM: Customer Relationship Management) 197
고객 구매 여정 24
고객 데이터 플랫폼(Customer Data Platform) 211
고객 획득 107
관련성 21, 22, 26, 88, 98, 108, 180, 182, 188, 189, 190, 191, 192, 193, 202, 214
관리 플랫폼(Data Management Platform) 211
광고사기 120, 121, 130, 131, 132
광고 스크리닝 53
광고유통망 123
광고 조작 10, 136, 137, 138, 142
구분자 140

ㄷ

대규모 멀티 모달(Large Multi Modal) 205
대규모 언어 모델(Large Language Model, LLM) 205
디지털 광고 사례 8, 25
디지털광고 생태계 10, 118, 120, 127
디지털 사이니지 36, 47, 48, 49, 50, 51, 58, 230
디지털 키오스크 50
딥페이크 138, 139, 140, 142, 143, 154, 155, 156

ㄹ

리타겟팅(Re-targeting) 111

ㅁ

맞춤형 TV광고 9, 61, 85, 89, 93, 97
맞춤형 광고 9, 15, 15-34, 21, 37, 61, 63, 65, 81, 82, 84, 93, 94, 97, 99, 141, 144, 145, 147, 156, 180, 182, 209, 212, 214
머신러닝 16, 18, 19, 20, 23, 25, 28, 36, 177, 178, 180, 182, 200
메타버스 8, 56, 57, 64

ㅂ

브랜드 경험 11, 20, 198, 201, 230
블록체인 10, 33, 115, 117, 118, 122, 123, 124, 125, 126, 128, 129, 131, 132, 133
비즈니스 모델 16, 22, 23, 24, 25, 33
비히클 185, 225

ㅅ

생성 AI 110, 112, 113, 114, 220
생성자 140

찾아보기 **225**

생성적 적대 신경망(Generative Adversarial Networks, GAN) 138, 140
생성형 AI 5, 9, 11, 21, 22, 24, 27, 63, 68, 72, 73, 75, 76, 77, 79, 81, 161, 168, 169, 193, 205, 206, 207, 214, 215, 216, 217, 218, 219, 220, 221, 222, 223
생성형 인공지능 9, 11, 33, 35, 43, 61, 85, 86, 99, 177, 178, 179, 184, 191, 193, 194, 195, 196, 197, 198
서드 파티(Third-party)데이터 209
세컨드 파티(Second-party) 데이터 209
소비자 구매 여정 86, 208
소셜미디어 마케팅 전략 9, 61, 101, 102, 103, 112, 113
수퍼차져 46
순증 도달률 89, 90, 97, 98
스킵십 11, 161, 162, 163, 165, 173
신뢰성 68, 81, 118, 120, 121, 122, 124, 126, 133, 143
써제스트 67, 68, 69

ㅇ
어드레서블(Addressable) TV광고 9, 93
언드 미디어 102, 104, 105
에코 챔버 152, 156
예측 분석 20, 144
오토인코더 138, 139, 140
오피니언 마이닝 162, 175
온드 미디어 102, 104
온라인 맞춤형 광고(online behavioral advertising, OBA) 144
위계효과모델 186
'융합형(Convergent)' TV 89
의인화 108
인게이지먼트 104, 105, 106, 154
인공지능 4, 8, 9, 11, 13, 15, 16, 17, 18, 19, 20, 21, 22, 23, 24, 25, 26, 27, 30, 31, 33, 35, 36, 37, 38, 39, 40, 41, 43, 44, 46, 49, 50, 51, 52, 53, 54, 55, 56, 57, 58, 61, 65, 72, 73, 76, 80, 84, 85, 86, 87, 88, 89, 97, 99, 114, 136, 138, 140, 141, 143, 144, 146, 147, 154, 155, 156, 159, 175, 177, 178, 179, 180, 182, 183, 184, 191, 193, 194, 195, 196, 197, 198, 203, 207
인공지능 알고리즘 17, 49, 80, 136
인공 창의성(Artificial Creativity) 86

ㅈ
자율주행차 44, 45, 46
제로 파티(Zero-party) 데이터 209
조절 40, 188, 189, 190, 191
주목의 경제(attention economy) 88
증분성(incrementality) 91
지각된 놀이(Perceived Play) 189, 190
지능형 광고(intelligent advertising) 88
'진화형(Advanced)' TV 89

ㅊ
챗GPT 20, 21, 28, 29, 33, 35, 36, 54, 68, 72, 73, 76, 77, 79, 81, 83, 84, 85, 110, 114, 161
챗봇 20, 22, 24, 25, 30, 31, 33, 69, 76, 87, 162, 178, 179, 191, 197, 198, 214
초개인화 26, 33, 65, 66, 67, 68, 69, 72, 82, 83, 84, 141, 170, 172, 223
추천 시스템 20, 173
추천 알고리즘 10, 26, 64, 151, 152, 153, 154, 156

ㅋ
콘텐츠 큐레이션 144, 146, 147
쿠키리스 112

ㅌ

타깃 마케팅 89
타이밍 11, 161, 166, 167, 168, 174
탈중앙화 117, 133
탐 미첼(Tom Mitchell) 200
텍스트마이닝 156
통합마케팅커뮤니케이션(IMC) 87
투명성 118, 120, 121, 122, 123, 124, 125, 126, 127, 128, 129, 131, 133, 150
트리플 미디어 102

ㅍ

패스트버타이징 166, 167, 168
퍼스트 파티(First-party) 데이터 67, 209
편향성 10, 20, 136, 151, 155, 156
프라이버시 10, 27, 31, 84, 95, 118, 120, 125, 126, 127, 128, 129, 130, 133, 135, 143, 147, 148, 149, 150, 155
프라이버시 계산 149
프라이버시 침해 27, 129, 147, 148, 150
플랫폼 15, 26, 27, 30, 31, 39, 46, 56, 58, 65, 78, 89, 96, 97, 102, 103, 104, 105, 106, 110, 111, 112, 113, 114, 123, 125, 126, 142, 152, 164, 169, 173, 183, 185, 186, 197, 211, 218, 219
플로우(Flow) 189
핀셋 11, 161, 169, 170, 173, 174
필터버블 153, 154

ㅎ

하이퍼 타겟팅(Hyper-Targeting) 111
하이퍼 퍼스널라이제이션(Hyper Personalization) 198
할루시네이션 215
합성 조작 136, 138, 141, 142
확증편향 153

휴머노이드 4, 54, 55

A

AICC 31, 33, 165

D

D2C(Direct To Consumer) 211

G

GCC 11, 159, 161
GPT-4V 205

S

scalability 133
STP 전략 11, 159, 161, 173

U

UCC 161

저자소개 (가나다순)

강한나 hannahkang@hnu.kr
한남대학교 정치언론학과 조교수
주요연구분야 : 뉴미디어, 광고/홍보 메시지 전략, 헬스커뮤니케이션

김주영(Jooyoung Kim) jykim@uga.edu
미국 조지아대학교(University of Georgia) 광고홍보학과 교수
주요 연구 분야 : 디지털광고, 브랜드 커뮤니케이션

민병윤 bwmin@cu.ac.kr
대구가톨릭대학교 미디어영상광고홍보학부 조교수
주요 연구 분야 : 소비자 행동/트렌드, 광고/마케팅 전략, 애드테크, 스타트업 등

박종구 bellnine@gmail.com
KOBACO 미디어광고연구소 연구위원
주요 연구 분야 : 미디어·광고 정책/전략, 공공데이터정책, 정보전략

윤도일 dyoon@ou.edu
오클라호마 대학교 게일로드 저널리즘 매스커뮤니케이션 대학 교수
주요 연구 분야 : 브랜드 경험, 데이터/디지털 광고, 소비자 행동

이정규 jgyulee@ssu.ac.kr
숭실대학교 경영학부 조교수
주요 연구 분야 : 소비자 행동, 디지털 마케팅, 행동가격론약력

송유진 yjsong066@gmail.com
고려대학교 4단계 BK21 미디어학교육연구단 연구교수
주요 연구 분야: 뉴미디어, 광고, 인간-AI상호작용, 마케팅커뮤니케이션

조준혁 cjhouse1010@gmail.com
서원대학교 광고홍보학과 조교수
주요 연구 분야 : 디지털 광고, 소비자 행동,
　　　　　　　　HCI(Human Computer Interaction), 애드테크

전종우 jwjun@dankook.ac.kr
단국대학교 미디어커뮤니케이션학부 교수
주요 연구 분야 : 글로벌 광고, 브랜디드 엔터테인먼트, 디지털 사이니지

최모세 mosechoi@daehong.co.kr
대홍기획 팀장, 광고학 박사
주요 연구 분야 : 디지털 광고, 브래디드콘텐츠, 데이터드리븐플래닝

초판 인쇄	2023년 11월 20일
초판 발행	2023년 11월 30일
저 자	강한나, 김주영, 민병운, 박종구, 윤도일
	이정규, 송유진, 조준혁, 전종우, 최모세
펴낸이	신학태
펴낸곳	도서출판 온샘
등 록	제2018-000042호
주 소	서울시 용산구 한강대로62다길 30, 204호
전 화	(02) 6338-1608 팩스 (02) 6455-1601
이메일	book1608@naver.com

ISBN 979-11-92062-27-3 93320
값 16,000원

ⓒ2023, Onsaem, Printed in Korea
* 잘못 만들어진 책은 구입하신 서점에서 교환해 드립니다.